【シェアハウス図鑑】

SHARED HOUSE THE VISUAL DICTIONARY

篠原聡子 + 日本女子大学篠原聡子研究室 編著

彰国社

SHARED HOUSE
THE VISUAL DICTIONARY

【シェアハウス図鑑】

目次

	シェアのデータシート	4
ESSAY	シェアハウスという住まい 篠原聡子	6
#01	都市に開く土間　SHAREyaraicho	11
#02	資材倉庫からオープンコモンに　不動前ハウス	19
#03	木賃を解体する　鈴木文化シェアハウス	27
#04	廃ビルを商店街の拠点へ　シェアフラット馬場川	35
#05	京町家を連携　京だんらん嶋原	43
#06	石巻のサードプレイス　SHARED HOUSE 八十八夜	51
#07	大浴場をリビングに　KAMAGAWA LIVING	59
#08	仏間を残して再生　haus 1952	67
#09	戸建て住宅に外階段　茶山ゴコ	73
#10	シングルペアレント×シングル　スタイリオウィズ代官山	77
#11	家族でも、他人でも　KYODO HOUSE	81

シェアの断面（セクション）　宮原真美子　86
キーパーソン／地域と連携／空間の境界／物の見せ方・しまい方／伝達のルール

＊本書で紹介している各事例の家賃、共益費、管理費、光熱費などは、1カ月あたりの金額を示す。
＊個室数はシェアハウスの居住者が寝室として使用している個室の数を示す。
＊本書で提供する情報は、2017年11月現在の情報に基づいた参考情報である。
具体的な賃貸情報や法的・技術的なアドバイスを提供するものではない。

ブックデザイン：吉田朋史（9P / TISSUE Inc.）

海外シェアハウスレポート　　97

ブラジル	オスカー・ニーマイヤー設計のコパンに暮らす	99
米　国	ADUを利用して異世代でシェア	100
米　国	分割してエコノミーに住む	101
米　国	ブラウンストーンに暮らす	102
スイス	築100年のファミリーアパートメントをシェア	103
韓　国	50％パブリック／50％プライベート	104
韓　国	伝統的シェアハウスの極限個室	105
台　湾	折り重なる立体的居場所	106
タ　イ	リビングをカーテンで個室に	108
タ　イ	住み継がれる家	109
シンガポール	オーナー家族と邸宅に住む	110
シンガポール	外国人＋シングル→コンドミニアムのシェア	112

Q&A
小林秀樹先生に聞く
正しいシェアハウスのつくり方　　113

ROUND TABLE
シェアハウスは何が残せるか　　119
篠原聡子×仲 俊治×南後由和

あとがき　　126

編著者略歴・写真クレジット・執筆分担　　127

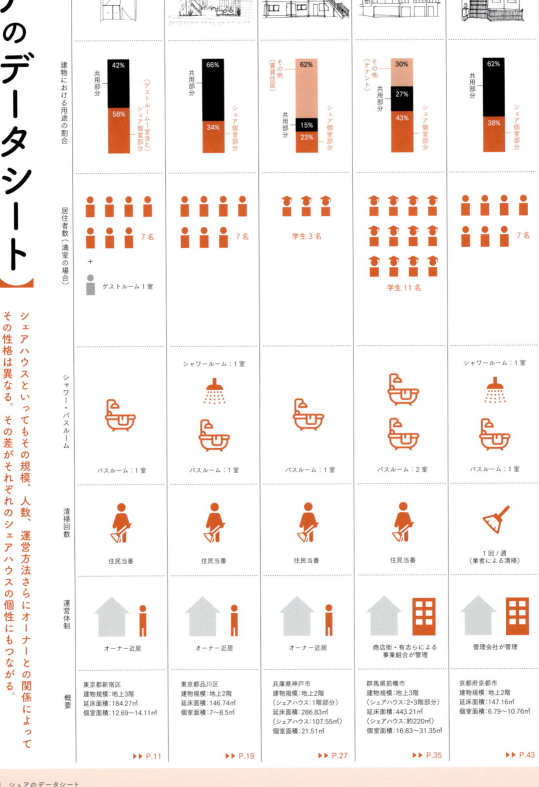

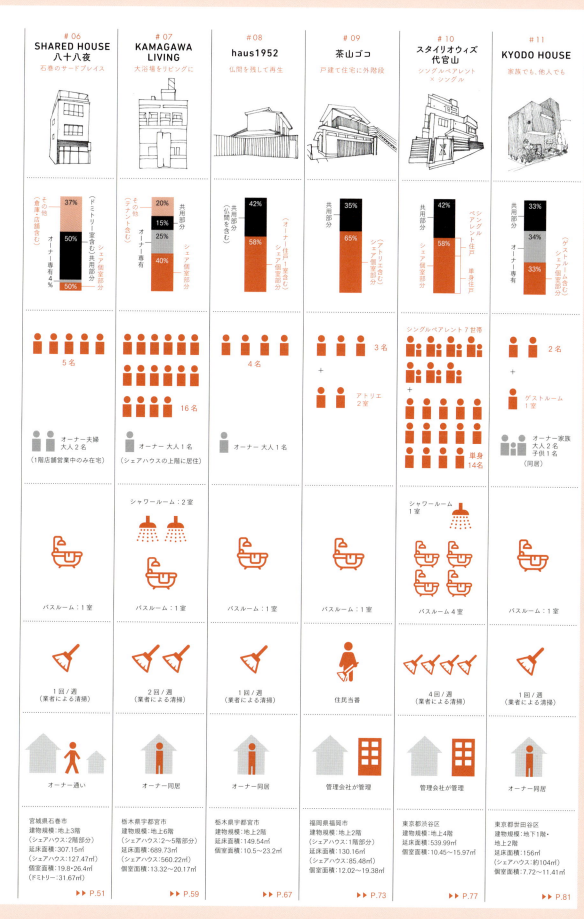

ESSAY

シェアハウスという住まい

篠原聡子

【 現象としての住まい 】

住まいは、いつでもその時々の社会のあり様を表象している。江戸の長屋は、単身者の多くが暮らした江戸の庶民の暮らしを、戦後の公団住宅は51C型（公営住宅標準設計、図1）に代表されるような、核家族を標準世帯とする暮らしを、それぞれに想起させる。そうした意味で、シェアハウス[1]は、高度経済成長を経て、少子高齢化に向き合い、豊かさへの再考を迫られている現在の日本の社会を確実に表象している住まいといえるだろう。

近年、コーポラティブハウス、コレクティブハウスなど、集合住宅のつくり方、住み方に対する多様なアプローチはあったが、シェアハウスは住居の選択肢としての波及的効果という点からも、それらとは一線を画している。たしかに、全世帯の1/3、首都圏では過半となった単身世帯の増加という時代の要請にかなったからではあるが、それだけならワンルームマンション（図2）が受け皿であってもよかったはずである。

では、かくも急速に単身者居住の選択肢として定着したシェアハウスとは、どのような住まいなのだろうか。これを定義しようとすると案外に難しい。そこで、まず、コーポラティブハウス、コレクティブハウスとの違いから見ていくことにしたい。コーポラティブハウスとは、明らかに違う。コーポラティブハウスは、一般に、集合住宅（建築基準法的には、共同住宅であることも、長屋であることもある）の形態をとるが、これはそれをつくるしくみに特色がある。通常の民間分譲マンションが建売であるのと異なって、着工前に居住者を募り、その要望を反映して建設する（図3）。したがって建物をつくるしくみではあるが、建設前から、居住者となる人びとが建設組合をつくるなど、そのプロセスがその後のコミュニティ形成に寄与するケースもある。事業主体が誰になるかによって、そのプロセスが異なるが、住戸はそれぞれ居住者の所有である。ここでは、誰がつくるのか？がテーマなのである。ディベロッパーがつくった商品を買うのではなく、自分たちでつくる、そしてお仕着せでない住空間を、ディベロッパーがつくるよりも安く手に入れるというのが、重要なコンセプトで、コーポラティブハウスとは、そうしたことを実現するためのしくみなのである。

シェアハウスとコレクティブハウスはどう違うのか？この違いは、もう少し複雑である。シェアハウスもコレクティブハウスも、居住者が生活の一部をともにする共用空間をもつ、という点では共通しているし、基本は賃貸である点も同じである。シェアハウスでは、一般的に個室には水回りがなく、共用であるが、コレクティブハウスの基本は、それぞれ住戸にバスルームもキッチンもある。キッチン、ダイニングルーム、リビングルームなどが通常の住戸より少しコンパクトで、その分、共用の大きなキッチンとダイニングスペースをもっている。ここで居住者が交代で食事をつくり、皆で食卓を囲むコモンミールが、コレクティブハウスでは重要な共同行為である（図4）。北欧から輸入された住様式であり、「ともに豊かな暮らしをつくる」という理念が背景にある。シェアハウスとコレクティブハウスの差は、空間的な設えよりも、ここにある。

コーポラティブハウスが、マーケットから家をつくるしくみを居住者に取り戻そうとしたように、コレクティブハウスは共同生活することで、ファミレスやコンビニや大

図1　公営住宅標準設計「51C型」1951年（計画：吉武泰水ほか）
出典：日本建築学会住宅小委員会 編
　　　『事例で読む 現代集合住宅のデザイン』彰国社、2004年

図2　ワンルームマンションのプラン。極小のユニットに極小のユニットバスとミニキッチンを詰め込んだ、日本ならではの単身者用住戸

手のスーパーに乗っ取られた日々の食卓を取り戻し、市場経済から日常生活を取り戻そうとしたのである。だから、コレクティブハウスとは住様式である以前に、運動であり、理念なのである。

　その後コーポラティブハウスは、市場経済に取り込まれることで一般的なものとなり、コレクティブハウスはその距離を取り続け、一般的な選択肢として展開するには至っていない。それに対してシェアハウスは、その出自からして、運動でも、理念でもなく、シェアするという状況の共有であり、きわめて対処的な住まいのかたちで居住者による内発的な住まいである。

　他人同士がひとつの家やアパートメントをシェアして暮らすという形式は、もちろん日本以外でも珍しいものではない。ニューヨークやシンガポールのような、家賃が高く、残念ながら日本のようにワンルームマンションといった単身者用の最小限住宅もない都市では、経済的に制約のある単身者は家族用の住居をシェアして暮らすしかないのである。しかも、しばしばそれらは想定外の住まい方として扱われ、法的に問題がある場合もある。例えば、シンガポールのHDB[2)]のハウジングは、すべて他人に貸すこと、丸ごとシェアハウスにすることは、基本的に許されていない。HDB住宅は、それを取得する人がその資金を支払うが、そこには公的な資金も入っており、国民が自らの家族の住まいをもつことを支援するのが、HDBの目的であるから、取得者の家族以外が住むことを制限している。ニューヨーク州の法律でも、一般の家族用の住まいに4人以上の他人が同居することを禁止していた（「New York State Multiple Dwelling Law（1929―現在）」では、「Family」の定義が「with not more than four boaders, roomers or lodgers」となっており、大量に流入する移民の劣悪な居住環境をコントロールするため、家族以外が多数住む空間を、「residential use」として認めていなかった）。

　そうした海外の単身居住事情を見るにつけても、日本のシェアハウスが他人と暮らすことを前提とした下宿や寮とは一線を画した住まいとしてそのかたちをもち始めたことは（もちろん、建築基準法的にはこの新しい居住形態について議論があり、それについては「正しいシェアハウスのつくり方」〈113頁〉を参照していただきたい）、かなり画期的なこととも言えよう。戸建て住宅や寮のリノベーションが主体であった日本のシェアハウスも、最近は本書で紹介する「SHAREyaraicho」や「LT城西」（図5）のようなシェアハウスという目的のため新築された建築も散見されるようになった。「SHAREyaraicho」には、海外からのインターン生がよくやってくるが、ドイツのシュツットガルトからやってきた大学生は、「シュツットガルトでも、ルームシェアをして住んでいたけれど、そのためにつくられた家に住むのは初めてで、すごく刺激的でおもしろい」と言った。シェアハウスがたんに一時的な住まい方の名称ではなく、住まいとしてのかたちをもったことの意味を、そのあり方を通して考えてみたい。そこに、シェアハウスが現在を表象する住まいとなった理由が見えてくると思う。

図3　コーポラティブハウス「都住創岡山町」。お仕着せでないそれぞれの居住者の希望を反映した間取りが、ファサードにも表れている（設計：ヘキサ／中筋修、1991年）

【アライバルホーム】

　日本のシェアハウスは、その出自からして、やや特殊だった。ひとつには、その源流となったのが、外国人用のゲストハウスであった、という点にある。日本にやってきた外国人の旅行や企業へのインターンシップのような、1カ月から半年といった中期的な滞在に対応した住まいであった。アライバルシティならぬ、アライバルホームとして、海外からの窓口になっていた。ダグ・サンダースは、その著書『アライバルシティ』で、今世界が直面するグローバリゼーションの中で、国境すら超えて都市へ流入する、大きな人口移動に対して都市がどのように対処するかが、その後のその都市のあり方を変えることを示し、混沌としたスラムやスクウォッター地区の中に、漂流してくる人びとの到着場所としての役割と将来への可能性を見出している。日本の都市にあった外国人用のゲストハウスも必ずしも管理の行き届いたものばかりでなく、安宿のイメージであったといわれているが、さまざまな外国人の到着場所として機能してきた。

　インターネットの普及により、2000年くらいから日本人の居住者が増え、シェアハウスという名称が使われるようになった。同時に、空き家になった戸建て住宅に数人で暮らし始める、マンションの一室をルームシェアするなどの内発的な動きもそれに同調して、シェア居住の数は増えていった。運営業者によるもの、内発的に始まったものなど、いずれにしても、規格外の住まいでありながら、必要に応じてその時々の柔軟なかたちをとり、お互いの顔が見える。外国人に限らず漂流する単身居住者のアライバルホームとしてシェアハウスは機能し始めた。

　日本におけるシェアハウスのもうひとつの背景に、ワンルームマンションの存在がある。この極小の、しかしキッチン・バス・トイレとフルスペックを備えた自己完結した住まいは、シェアハウスとは対極的な、何ひとつ隣人と共用しないで暮らせるのが売りの住まいであった。1960年代に量産され始めたワンルームマンションは、それ以前の風呂なし、台所、トイレ共用の木賃アパートとは対照的に、独立性の高い住まいとして登場した。ワンルームマンションのもうひとつの側面は、運用資産としての側面である。投資対象の物件として、サラリーマンが買える程度の大きさと値段でつくられた住戸であった。管理会社はそれを運用し、家賃がオーナーに入る。オーナーは、どんな居住者が住むかなどは関係なく、居住者も大家とコンタクトをとることはない。大家が庭先に建てたアパートでは、何かと大家と店子（賃借人）のやりとりがあったのとは対照的に、大家にとっても店子にとってもわずらわしくない、というわけである。こうしたワンルームマンションが存在しうるのは、居住者がそこで人間関係を築く必要がないという前提による。しかし、それは一方で、セーフティネットとしての家族という関係性が弱体化した現在、孤立というリスクにもなる。そうしたリスクを感じる人びとにとって、次なる住まいがシェアハウスであったのは、ある種の必然だったろう。単身居住の高齢者の孤立は、孤独死にもつながるという危機感をもたれるが、それほど差し迫った状況と考えられない若者にとっても、シェアハウスという選択は、長期的な危機管理の戦略であるかもしれない。『建築雑誌』（日本建築学会）の対談で[3]、建築家で『東京断想』（鹿島出版会）の著者マニュエル・タルディッツ氏は、パリでは日本のワンルームマンションは成立しない、パリではひとり暮らしはあまりにリスクが大きいから、と述べていた。そのリスクとは、孤立というよりも犯罪に巻き込まれるリスクという意味であったと思うが、いずれにしても、もし、地縁もなく、家族・親族とも疎遠で、かつ隣人もいないひとり暮らしは、この先、日本にあっても長期的、短期的なリスクを覚悟しなくてはならない。ワンルームマンションは他人にわずらわされない暮らしを提供する一方で、地縁からも家族からも浮遊する単身居住者にとって、アライバルホームにはなり得ない。

図4　コレクティブハウスの先駆け「かんかん森」における「コモンミール」。多世代の交流の場でもある

同、2階平面図
提供：コレクティブハウスかんかん森

【 シェアハウスという建築 】

　日本のシェアハウスは、脱ワンルームマンションであると同時に、ポストワンルームマンションという側面もある。ワンルームの個々の独立した暮らしを経験し、その孤独と自由のあとにやってきたシェアハウスブームは、経済性だけが重視されたゲストハウス（しばしば1室に複数のベッドがあった）とは、一線を画す個々の暮らしを個室で担保する形式が主流である。それを痛感したのは、ソウルでシェアハウスの調査をしたときである[4]。韓国には、伝統的に下宿（ハスク）と考試院（コシウォン）という単身者用の住居がある。下宿は賄いつきの住居で、考試院はそうしたサービスも共用空間もなく、個室で構成されているのが基本である。こうした古いタイプのものが狭小な個室（考試院では7㎡くらいの個室にトイレとシャワーが設置されているものもある）であるのに対して、新しく、若者に人気のあるシェアハウスと呼ばれるものは、もともと、ファミリー向けのコンドミニアムの1ユニットをそのまま利用している場合が多く、ダイニングキッチン、リビングは豊かだが、寝室部分も2、3人でシェアしているケースが多い（ソウルでも新築のものは、日本式に個室の独立性を売りにしているものもないわけではない）。これは、そのまま、家族用の住居として使用する可能性を排除せず、多面的な不動産として価値を残す、ということでもあるし、シェアという居住形式に特段の建築的な手当を想定していない、ということなのかもしれない。

　さまざまなシェアハウス内での暮らし方を見てみると、個室をシェアするかどうかは、それ以外の共用空間のあり方に関わってくる。個室をシェアすることによって、ベッドルームとそれ以外の空間の境界は弱くなり、そのかわり、共用空間は外に対して閉鎖的になる。一方で、個室が1人に占有され、その扉で公私がコントロールされれば、逆に共用空間は外に開く可能性がでてくる。そうした共用される空間の質がそれぞれのシェアハウスコミュニティの質に深く関わってくる（「シェアの断面（セクション）」〈86頁〉では、シェアハウス内の暮らしをそうした観点からも詳述している）。

　その結果、シェアハウスが、従来の家族用の住居と異なる質をもつとするなら、この共用空間の公共性にこそ意味がある。

　それは、空間の問題であると同時に、マネジメントの問題であるから、この共用空間がどのようにマネジメントされるかに大きな課題がある。シェアハウスの居住者は、血縁にも、地縁にもよらない人びとの集団であり、頻繁に入れ替わりがある前提の[5]、オープンエンドな空間である。それが、日常生活の空間として安定的に運営されるためには、いくつかの方法がある。そのひとつは、居住者の同質性を高めることである。「学生専用」「女子専用」に加えて、あまりおおっぴらにはしていないが、年齢制限を設けているところも多い。家賃設定によって、経済階層も決まってくるだろう（もっとも、この点においては、分譲マンションにおける階層分化よりは相当に緩やかなものといえる。大金持ちでシェアハウスを選択する人はまずいないであろうから）。空間の多くの部分を共用して暮らすには、ある種の同質性が必要であり、そのほうがコンフリクト（衝突、葛藤、対立）も少ない。ひとつのシェアハウスにおける同質性は、地縁や血縁による集団よりも強いのが一般的であろう。ちなみに、前掲の韓国のシェアハウスで、私たちが訪れたコンドミニアムの一室は、居住者全員が男子大学生であった。一方

図5　シェアハウスとして新築された「LT城西」も、シェアハウスという新しい建築空間を提案している（設計：成瀬・猪熊建築設計事務所、2013年）

で、こうした同質性が課題となることもある。同じ時間帯で働く、あまり年齢の違わない人びとの集団だとすると、近隣との関係や共用空間のマネジメントは重荷になる。

そこで、共用空間のマネジメントをアウトソーシングすればよいということになる。居住者の自助や共助に期待しないというわけである。小規模のシェアハウスでも、週1回程度共用の清掃を入れる場合が多いが、これを積極的に取り入れるためには、ある程度の規模が必要になる。50人を超えるような大型のものは、共用部の清掃を週に5回入れるなど、サービスが充実している。そうした大規模なシェアハウスは、企業によって運営され、単身居住者の居住の選択肢として、安定した生活環境を提供している。一方で、市場経済の中でひとつの商品として定着し、ワンルームマンションがそうであったように、コンフリクトを避けることによって、均質へと向かっているようにも見える。コンフリクトを避けるように仕立てられた均質な空間には、すでに居住者が積極的に関与する余地はない。居住者が積極的に関与する余地のない場所は、住まいというよりは施設という方がふさわしい。

シェアハウスと呼ばれるものには、戸建てスケールのものから、100戸を超すような大規模社員寮（実際、社員寮から改修されたものも多い）のようなものまであるが、今回本書では、比較的小規模なものを取り上げている（最小は「茶山ゴコ」〈賃借人5人〉で、最大は「KAMAGAWA LIVING」〈賃借人16人〉である）。大規模になると、運営はアウトソーシングせざるを得ないし、建築基準法等から受ける制約も多い。一方で、今回選択した小規模な事例には、大型になることによって削かれていった、その建築ごとの、その場所ごとの異なった様相が顕著であり、それは現在進行形の様相である。オーナー、設計者、運営者、居住者などの複数の登場人物がそれぞれに彼らのシェアハウスに関わり続けることで、多様な変化にさらされながら、しかし独自の空間が生き続けている。それらは、単に単身居住者の住まいの選択肢というだけでなく、個人や家族という居住単位の再編に対して、用途地域制が分断した地域と住居の関係性の再構築に対して、ポスト成長社会を生きる日本の社会に対して、シェアハウスという住まいがもつ多面的な可能性を包摂しているように思う。

註
1) ここでは、複数の他人同士が個室以外の主要な空間を共用する住まいを、その大きさや建築形態に限らず、シェアハウスと総称することとする。一般に、運営業者の介在するものをシェアハウス、しないものをルームシェアとして区別するが、本書ではその両方をシェアハウスとして扱っている。
2) Housing & Development Board（住宅開発庁）の略称。シンガポールでは、国民の8割がこのHDBが供給する住宅に住んでいる。
3) 柏木博×マニュエル・タルディッツ「対談：古今東西おひとりさま空間」『建築雑誌』2015年1月号。
4) 須賀佳那子・辻村夏菜「韓国（ソウル）における単身者用集合住宅に関する研究」日本女子大学2015年度卒業論文。
5) 通常の賃貸契約が2年が一般的であるのに比べて、シェアハウスの契約期間は1年であることが多い。

参考文献
小谷部育子＋住総研コレクティブハウジング研究委員会 編著『第3の住まい コレクティブハウジングのすべて』エクスナレッジ、2012年。
上野裕理「シェアハウスの共用部の使われ方に関する研究——使用実態と居住者の認識の視点から——」日本女子大学2015年度卒業論文。
阿部文香「居住者実態に基づくシェア居住に関する研究と提案」日本女子大学2013年度修士制作。
樋渡彩華「Editing the Town 地域に住まうシェアハウス」日本女子大学2013年度卒業制作。
飯塚るり子「住人家族——シェア居住における空間構成の研究と提案——」日本女子大学2012年度修士制作。
阿部彩華「大都市圏における単身者居住に関する研究と提案」日本女子大学2011年度修士制作。
石井千絵「都市単身者住居における生活共有空間についての考察と提案」日本女子大学2010年度修士制作。

SHARED HOUSE #01

都市に開く土間

SHAREyaraicho

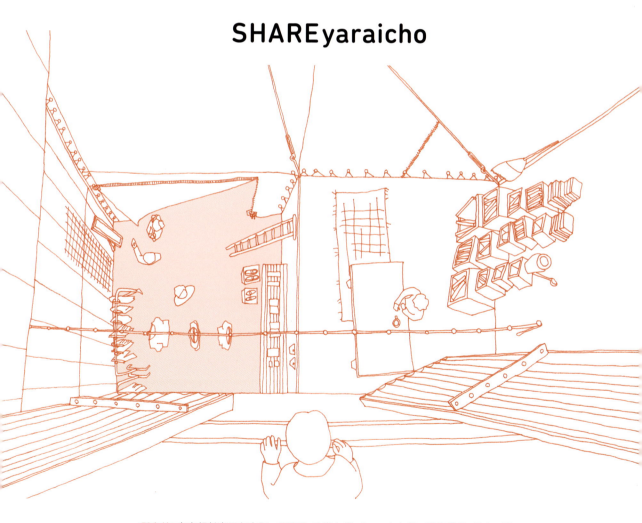

所在地:東京都新宿区矢来町　個室数:7室＋ゲストルーム1室　建物規模:地上3階
敷地面積:128.60㎡　建築面積:76.68㎡　延床面積:184.27㎡　個室面積:12.69〜14.11㎡
共用部分面積:28.05㎡（土間）、31.91㎡（キッチン・リビング）　家賃・共益費:73,000円・12,000円
構造:鉄骨造　設計:篠原聡子／空間研究所＋内村綾乃／A Studio

ファサードはテント生地。ジッパーを開けて入る

家具づくりの材料となった構造用合板。下駄箱、本箱、テーブルなど、住人が自ら制作しながら生活をスタート

エントランスでもある土間は多目的に使われる

2階の部屋からアクセスできる1階個室上のロフト

プロジェクターと椅子を並べ、居住者が企画するトークイベント「scene」の風景。SNSで告知し、外部からも人が集まる

ハンガーやロープを設置して、ニューヨークのファッションブランド「sawa takai」の展示会も開催された

【進行形の住まいのデザイン】

「SHAREyaraicho」は、商業エリアにもほど近い、都心の住宅地に建つ。あらかじめシェアハウスとして計画された建築としては、国内ではごく初期のもの。利便性の高い立地に安く住める、という経済性だけでない、他人同士が集まって住む新しい暮らしを、テント生地に覆われたファサード、その背後の土間のようなエントランス空間に象徴される建築空間から提案している。間口6m、奥行き12m、高さ10mの空間に個室と水回りを入れた小さな箱が挿入されるという構成で、小さな箱と箱の60cmほどの隙間が1階、2階、3階の共用空間を緩やかにつないでいる。その隙間は、スーツケースやスノーボード、酒など、さまざまな生活用品の収納として利用されている。3階のリビングに面した隙間は、泥酔した客人の仮眠スペースになることもある。土間のようなエントランス、隙間の利用方法などは、居住者が住みながら、デザインしていく。つねに住まいのデザインが進行形であることもこのシェアハウスの特徴である。

【まちとつながる仕掛け】

3層吹きぬけた土間エントランスは、農家の土間のような活動空間であり、もちろん居住者にとってのエントランスである。つまり、多目的な空間である。竣工当時は居住者によって、この家で使う本棚、下足箱、テーブルなどの家具づくりが行われていた。それが一段落した後、ギャラリー、トークイベント、さまざまなワークショップなどに使用されている。居住者が企画して、催しを行うこともあれば、外部に貸し出すこともある。土間エントランスは、そこが外部からの人も含めた活動の場となることで、まちとつながる仕掛けとなっている。こうして、テンポラリーではあるが、まちに開いて、住宅地に小さな賑わいをつくりだしている。

【居住者をフィルタリングする建築】

個室は7つで、常時7名の居住者が暮らしている。2年以上暮らす居住者が多い。そのほかにゲストルームがあり、海外から設計事務所に来るインターン生などに利用されている。ゲストルームの利用者のみならず、居住者もつねに、2名くらいは外国人である。外国人は安定的な職をもっていても、適当な値段の住まいを見つけるのは案外難しい。SHAREyaraichoは、外国人だからといって滞在や居住を断ることはない。この独特な、オープンエンドな建築空間を受け入れることができる人なら、ともに生活することが可能であろうと考えているからである。つまり、建築が居住者のフィルタリング機能をもっている、というわけである。

居住者によるリビングのテーブル制作の様子

【シェアのディテール】

DETAIL

居住者による手づくり棚
原則ひとり1段ずつ割り当てられ、靴を見せて収納している

土間に用意したバースペース
イベント時に活躍するバーカウンター

大工道具を共有する
家具制作に使った大工道具や掃除用具など、壁に引っかけて収納

奥行きの深い個室1
道路に向けて開放的な個室。各個室には鍵がついている

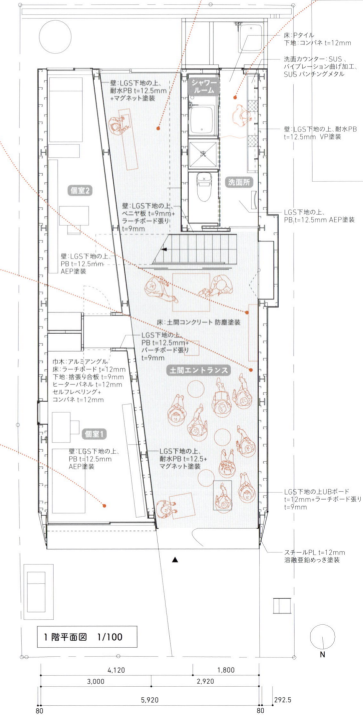

1階平面図　1/100

14 ｜ 都市に開く土間 ― SHAREyaraicho

3人で歯磨きできるシンク
3つの蛇口が並ぶ長いシンク。今はそれぞれの洗面キットのカゴがシンク下に並んでいる

DATA

居住者数(満室の場合)	7名	台所水栓	1本
バスルーム	1室	冷蔵庫	大1台 小1台
洗面台	1台	レンジ(オーブン)	1台
洗濯機・乾燥機	各1台	鍋・フライパン	7個・4個
掃除機	2台	炊飯器	1台
コンロ(IH)	1台		

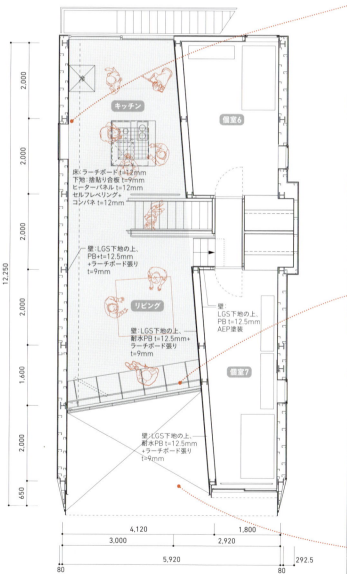

3階平面図

ラーチ合板の内装
床・壁・天井はすべてラーチ合板

1階土間エントランスと上下につながるリビング開口
開口部手前のテーブルは、居住者による手づくり。脚を立てると食卓、低くすると座卓に

1〜3階を縦に貫く土間エントランス
3階から見下ろすと土間エントランスが見渡せる

POINT! 【隙間がつくる距離感】

約10mの高さに、3層に積み重なるボックスを60cmの隙間を空けて挿入したデザイン。意図的に残された各階の隙間は、エントランスの土間から3階のコモン空間まで緩やかに連続する空間を生み出す。同時に、個室と個室のプライバシーを確保する役割も果たしている。

ハーブガーデン
屋上のハーブガーデンでは、いろいろな種類を育てていたが今はローズマリーだけが生き残っている

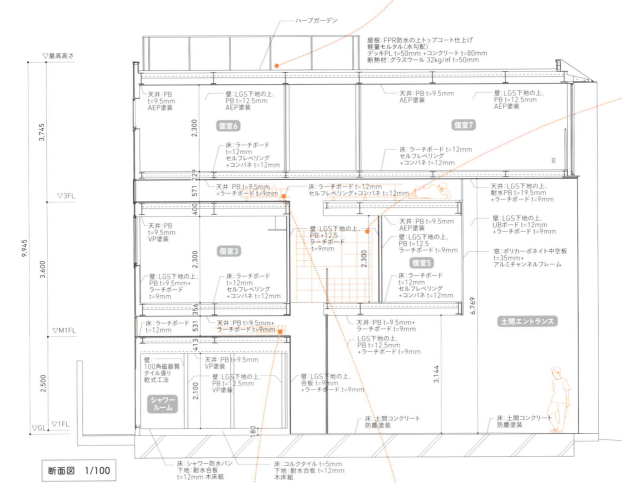

断面図 1/100

上下の隙間を有効活用
2階への階段の途中から玄関を見た風景。隙間には、洗面用マットレス、カメラの三脚、スーツケースなど、日常的使用頻度の低いものが納まる

3階個室と2階リビング床の隙間
DIY制作した酒用ストック箱がちょうど納まる

INTERVIEW

【私がここに住む意味】

居住者(家具・内装設計施工)：隈 太一

　以前ここに住んでいた居住者が、この家のことを「余裕がある」と言っていた。最初、その言葉はピンとこなかった。たしかに空間的には土間スペースや大きめのリビングや収納のための隙間など、余裕だらけである。しかし、空間的な余裕があるだけでは実はなにごとも起こらない。オーナーである父、設計者である母が入れ込んだもうひとつの「余裕」が、私がここに住むことだったように思う。私は家賃も払わず、できる限り、ここを気に入ってくれる、おもしろい住人を集め、興味のあるトークイベントを行い、ファッションや食のイベントを開いた。家具づくりにも携わった。たまには賑やかすぎて、近所からクレームをつけられることもあった。それでもこの空間が、竣工から5年近くたった今でもイキイキと使われ、暮らしの場でありつつ人の出会いが絶えず起こっているのはそうした、ハードとソフトの「余裕」が建築の中に設計されているからだと思う。

本をシェア
居住者たちが旅した国のガイドブックやアート系の本が並ぶ

リビングに浮く個室　階段を中心に緩やかに分節されている3階キッチンとリビング。個室6・7の床とのレベル差は60cm

POINT！
【家族と家を開くしくみ】

　SHAREyaraichoは、その設計をした空間研究所から徒歩2分のところに位置している。空間研究所のある矢来町テラスの上階には、SHAREyaraichoのオーナーの住まいがある。このシェアハウスが当時は珍しい新築のシェアハウスとして計画された背景には、設計者・オーナー夫妻が近距離にいることが鍵となっている。つまり、竣工した後も、どのような居住者を集めるか、どんな運営をするかに設計者、オーナーが積極的に関わることが前提となっている。そうでなければこの実験的な住まいが、居住者にとって経済的な選択肢でありつつ、オーナーにとって採算ベースにのることは難しいからである。入居開始から、設計者のひとり内村綾乃氏とオーナーの息子がこのシェアハウスに住み、他の居住者と週末のミーティングを通して、生活のルールづくりをし、ここでのシェア生活を立ち上げた。

　1階の土間エントランスでのイベントはすでに紹介したが、3階のリビングルームは、それぞれの居住者が友人とパーティを開いたり、また、オーナーとその友人が食事に来るなど、オーナー住宅のエクステンションとしても機能している。2年後にできたもうひとつのシェアハウスとオーナー宅、空間研究所、SHAREyaraichoの間を、トークイベントのような行事、DIY、週末の鍋パーティ、ゲストルームの活用など、さまざまな行為が行き交い、面的な居住者のつながりをつくっている。他人が共に暮らすというオープンエンドなシェアハウスの空間が、普通の家に住む家族やオフィスの人びとをつなぐハブとして機能している。

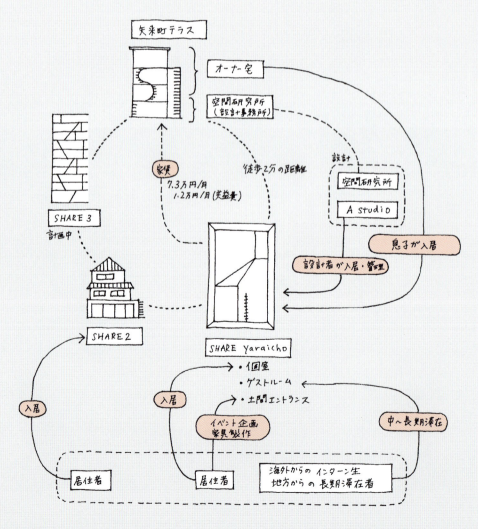

SHARED HOUSE #02

資材倉庫から
オープンコモンに

不動前ハウス

所在地：東京都　個室数：7室　建物規模：地上2階　敷地面積：105.56㎡
建築面積：77.77㎡　延床面積：146.74㎡　個室面積：7〜8.5㎡　家賃・共益費：75,000〜90,000円・15,000円
共用部分面積：62.61㎡（1階）・48.37㎡（2階）　構造：鉄骨造＋木造　改修設計：常山未央／mnm

掘りごたつがある小上がり。冬場は居住者がこたつに集まり暖をとる

外のような内のような土間のコモン空間

【脱ワンルームのプロジェクト】

　親元から離れひとり暮らしを始めた当初は、自由を謳歌できるとワクワクしたワンルームでの生活も、次第に狭くて窮屈だと感じる人は多いだろう。「不動前ハウス」のオーナーもそのひとりだ。料理は好きだけれどもキッチンは狭くオーブンがない。気分転換をする余裕もないほど狭く、寝るためだけに帰ってくるようなワンルーム空間。そんな生活に疑問を感じたオーナーは、自ら広い空間を獲得し、豊かに暮らせるシェアハウスをつくることを思い立つ。こうしてこのプロジェクトはスタートしたのである。

【蔦に覆われた空き家をシェアハウスに】

　建築学科を卒業後、不動産会社に就職しリノベーション物件を担当していたオーナーが、自ら運営するシェアハウスの物件としては重視したのは、空間的な魅力。しかし、これだと思う物件になかなか出合うことができなかった。

　2年後、ようやく見つけたのが大通りから50mほど路地を入ったところに建つ蔦に覆われた空き家である。築40年の倉庫兼住居として使われてきたその建物は、まるでお化け屋敷のような佇まいであったが、倉庫として使われていた1階部分に大空間の骨組みが

元資材倉庫を支えた柱

4枚の大きな扉を開き、路地と一体的に使える大きなオープンコモンではヨガ教室を開いたこともある

居住者やその友人を招いたバーベキューの様子

あることに魅力を感じて購入を決めた。接道の制限により新築や大規模な改修が困難であるという立地条件のもと、スイスでの留学を終え帰国したばかりの同級生の建築家・常山未央氏に設計を依頼。壁の塗装など、できることはセルフビルドで行うことにした。

このプロジェクトは、不動産的価値が低く放置されていた物件を、新たなプログラムと空間デザインによって新しい息を吹きこむ挑戦だったといえるだろう。

【路地とつながるオープンコモン】

資材倉庫だった1階は、間口が広い。その広さを活かすべく可能な限り壁を撤去し、空間を区切らず、開放感あるリビングスペースとしている。長手方向に2枚のビニールカーテンを設置し、用途に応じて広い空間を分節することもできる。アイランドキッチンを中心としたエリア、小上がりスペース、大きなダイニングテーブルによって、緩やかにゾーニングされており、居住者は思い思いの時間を過ごしている。

広いスペースを活かしてバーベキュー、ヨガ教室など居住者が企画するイベントも催される。改修中に顔見知りになった隣の建物のオーナーが、自家製のピクルスを手みやげにふらっと訪れるなど、路地とつながるオープンコモンならではの光景がある。

【シェアのディテール】

DETAIL

小上がり
キッチン奥にある畳の小上がり。冬になるとこたつが設置され、居住者が暖をとりに集まる

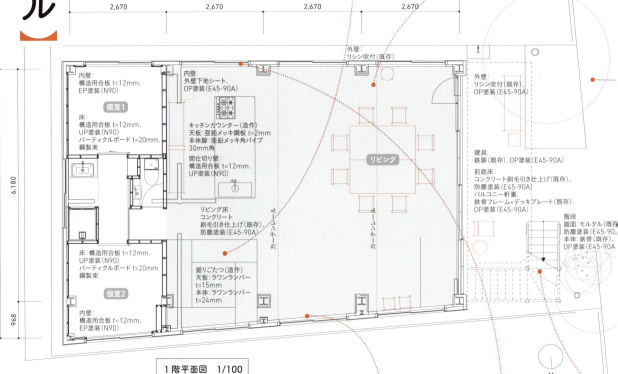

1階平面図　1/100

既存の胴縁を収納に利用
胴縁には共有の調味料や書籍、ガイドブックが並ぶ

ビニールカーテン
長手方向には、ビニールカーテンを設置。冬期は、外からの冷気を防ぐことにも一役買っている

DATA

居住者数(満室の場合)	7名	コンロ	1台
バスルーム	1室	台所水栓	1口
シャワールーム(バスルームと別にシャワーのみ)	1室	冷蔵庫	1台
トイレ	2室	オーブンレンジ	1台
洗面台	2台	鍋・フライパンなど	4個
洗濯機・乾燥機(一体型)	1台	コーヒーメーカー・電気ケトル・トースター	各1台
アイロン・掃除機	各1台	炊飯器	2台

大通りから約50m入った路地(暗渠)に面する不動前ハウス

前庭と階段
1階の共有空間と2階の個室をつなぐ外階段は既存のもの。白い塗装を施し、柵の一部を撤去。前庭では、居住者が絵を描いたり、ミニ菜園で野菜を育てたりしている

既存樹木がつくる路地との距離感
幅4mに満たない路地に対して塀を立てるのではなく、既存の樹木によって緩やかな境界線を築いている

POINT!

【ホテルとホームの間】

長期居住者のほかに、海外からの留学生やインターン生など、1、2年単位の滞在者も暮らす。海外のB&Bのような雰囲気とアットホームな雰囲気を併せもつ

回遊性のある間取り
2階個室の周囲に廊下が設けられ、南北で高さや大きさの異なる窓から光をとるプランニング

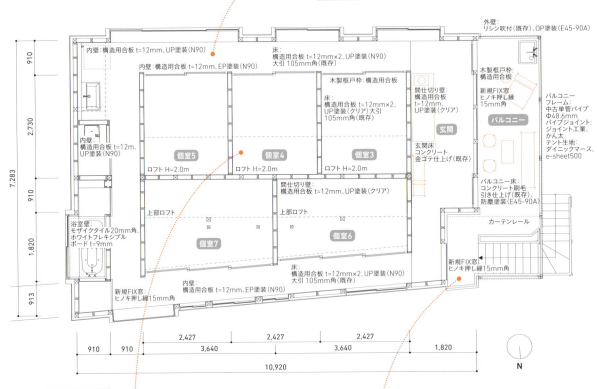

2階平面図 1/100

ロフトのある個室
既存の天井を解体し、高さのある個室にロフトを設置。小屋組や大梁を現している

路地の雰囲気を引き込む2階バルコニー
単管パイプに張られたテント生地が、内外の空間を緩やかに区切る

半屋外空間のユーティリティスペース
2階のバルコニーは、洗濯物干し場やミニダイニングなど、居住者によって使い方もさまざま

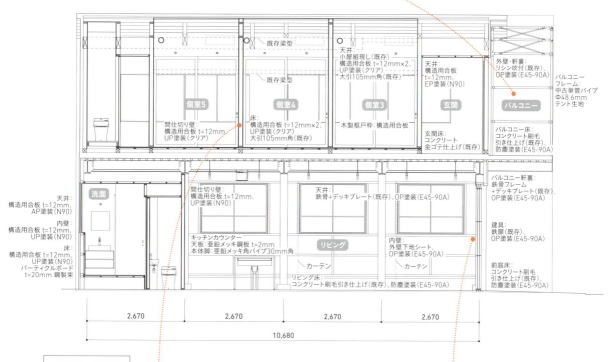

断面図 1/100

個室に光を届ける白い廊下
白い廊下は光を反射し個室内まで光を届けてくれる。約20cmの出窓に花を飾ったり、腰掛けたりする

資材倉庫のなごり
倉庫の資材の出し入れに活躍した4枚の鉄扉。現在は、シェアハウスの玄関になっている

INTERVIEW

シェアハウスを経て2拠点居住へ

オーナー：林夫妻

不動産価値の低い建物に新たな価値を

　不動前ハウスは、自らオーナーとして物件を所有して暮らすシェアハウスです。大きなコモン空間と、10㎡に満たない小さい個室から成立する、メリハリのあるこの空間構成に魅力を感じ、共感してくれる人が入居しています。一般の集合住宅にはないこの空間の質が居住者を選別しているといえるかもしれません。ここでの経験は、その後の住まい方に大きな影響を与えています。

住宅の一部をシェア

　不動前ハウスがスタートした当初は独身でしたが、その後結婚し子どもが生まれてからは、子どもの泣き声や生活音が気になり、家族で不動前ハウスに住むことに限界を感じていました。しかしマンション生活を選択する気持ちはなく、住宅の一部をシェアする「東大本郷ハウス」の計画に至りました。赤を基調としたインパクトのあるインテリアは、7種類ほどの塗料で塗り分けています。これは、既存階段など鉄部に使われていた錆止めの色から着想したものです。小さな家具などは、自分たちでつくりました。

つくる醍醐味

　現在は、東京と長野で2拠点居住をしています。長野県大町市は地縁のない場所でしたが、知人から紹介された物件を見に行ったとき、日本アルプスに囲まれた美しい環境に圧倒されたのです。その物件をゲストハウスに改修し、暮らしてみたいという気持ちが募り、「Ochikochi Village」が誕生しました。

　私たちなりの新たな挑戦として、キッチン、居間、トイレも地元の大工さんにアドバイスをもらいながら自ら改修し、観光シーズンは長野県大町、オフシーズンは東京をベースにするという生活が始まりました。

　私たちの暮らしがスタートした不動前ハウス、そして東大本郷ハウス、Ochikochi Villageという3軒を通して、セルフビルドによってものの価値をつくり替えるおもしろさを感じています。使われなくなった古い建物も、解体現場から拾ってくる廃材も、自分たちの手の入れようによっては、いくらでも価値を生み出せる。こうした価値観に共感してくれる人たちが集まり、その輪が広がっていることが、シェアハウスを自らつくり運営する醍醐味のように感じています。

「東大本郷ハウス」
東京都文京区にある5階建てビルを自宅兼シェアハウスにリノベーション。階段室やリビング・ダイニングなど共用空間にポイントを絞り赤い内装に変更（改修設計：mnm）

「Ochikochi Village」
長野県大町市にある元スキー旅館の5部屋をゲストハウスに改装した。地元の大工にアドバイスを受けながら、ほぼ全てを自ら改修している（改修設計：能作文徳建築設計事務所＋mnm）

SHARED HOUSE #03

木賃を解体する

鈴木文化シェアハウス

所在地：兵庫県神戸市須磨区禅昌寺町　個室数：3室　建物規模：地上2階（シェアハウス：1階部分）
敷地面積：294.75㎡　建築面積：143.416㎡　延床面積：286.83㎡（シェアハウス：107.55㎡）　個室面積：21.51㎡
共用部分面積：43.02㎡（シェア・スタジオ）　家賃：32,000円（共益費込み）　構造：木造
改修設計：神戸芸術工科大学神撫町・禅昌寺町プロジェクトチーム（川北健雄、花田佳明、金子晋也、金野千恵）
＋KONNO、ランドサット（安田利宏）

洗濯物は壁の陰に

個室は12畳。シェアハウスとしては広い。収納はないが、既存の壁の裏側に、スーツケースや洗濯物を置くなど工夫している

既存の柱をうまく活用して、就寝スペースと作業スペースに分節している（机と本棚は前の居住者が残していったもの）

柱の奥を就寝スペースに

構造用合板による界壁を新設。耐震補強も兼ねている個室の壁

シェア・スタジオの使い方によって、ライトの位置を調整できる

各個室には鍵がついている。長期に外出するときには施錠するが、日常的には開けっ放しの居住者も

既存の大引きを残しモルタルで固めた土間。リノベーションらしい個性的な表現

【木賃を解体して残す】

神戸市郊外、戦前から開発の始まった古い住宅地の中にある築後38年の木賃アパート、その1階の空室だった3戸をつなぎ、「鈴木文化シェアハウス」ができた。長屋や下宿とは違って、キッチンやトイレなどが戸々にあるこうした賃貸住宅を、近畿地方では「文化住宅」と呼んだが、今回は、むしろ共用部分を拡張することで「文化シェアハウス」として再生した。

もともとは1階4戸、2階4戸という、典型的な片廊下形式のつくりであったが、間口3.9mで並ぶ1階の4住戸のうち、3戸の南面した部屋の界壁を壊し、既存の柱割を残しながら一体とし、シェアハウスのコモン空間を生み出している。入り口も、通りからのダイレクトアクセスにしている。

古くなった木賃アパートの一部で、その住戸の単位を解体してシェアハウスとして再生しながら、その3戸以外はもとのままで、居住者もそのままなのである。部分が解体されシェアハウスというプログラムが挿入されることで、アパートの全体は維持されることになった。

この古い住宅地の中で生まれ育ち不動産業を営むオーナーと、地元の大学が協働する機会ができて、鈴木文化シェアハウスは生まれ、新旧の居住者がひとつ屋根の下に共生することになった。

3住戸の界壁や収納の中に隠れていた柱を現し、共有空間の核となる机を配置

シェアハウスオープン時は、カーテンレールが設置されていた。しかし道路からセットバックしており外部からの視線も気にならないため、撤去した

椅子の背もたれにもなる柱

【リビングではなく、シェア・スタジオ】

　初代の居住者の中には、鈴木文化シェアハウスの企画・設計・改修に関わった学生もいた。自ら家具や食器などの買い出しに行き、少しずつ生活を整えた。

　通りに面したコモン空間はキッチンがあり、3名の居住者のダイニング、リビングスペースでもあるが、そこは「シェア・スタジオ」と呼ばれている。居住者は大きな、柱付きのテーブルで、大学の課題に取り組み、ときに外部の友人もやってきて、建築の論議の場ともなる。人が集まっている様子から、通りがかりの人に「お店ですか？」と声をかけられることもある。

【高齢化の進む郊外に新世代】

　徒歩5分のところに、同じオーナーが所有する長屋改修のシェアハウス「禅昌寺キオスク」があり、2つのシェアハウスは日常的に交流している。それだけでなく、シェアハウスの居住者は、オーナーの声がけのもと、自治会の餅つき大会や町内会活動にも参加している。地域と疎遠になりがちな若い学生もシェアハウスで暮らすことによって、地域との接点をもつことができる。同時に、このシェアハウスは、開発から50〜80年が経過して、高齢化しつつある郊外の住宅地に新しい世代を取り込むことにも一役買っている。

INTERVIEW

【大学 × 不動産業で、まちを再発見】

鈴木祐一（大和船舶土地）、川北健雄 ＋ 花田佳明（神戸芸術工科大学）
聞き手：篠原聡子、宮原真美子

―― 老朽化した木賃アパートをシェアハウスとして再生した「鈴木文化シェアハウス」は、高齢化が進むこの地域の若返りにも貢献しています。プロジェクトがスタートしたきっかけから教えてください。

鈴木：僕の親父が 1974 年頃に建てた木造アパートの 3 室がしばらく空いていて、何とかしなくてはと思っていたんです。他の住人にも退去してもらって建て直す、更地にして駐車場にするという選択肢もあるけれど、この地域で生まれ育ち、不動産業を営む者としては、そういう決断はしたくなかった。

というのも、10 年ほど前からでしょうか、これまでのやり方に疑問を抱くようになったんですね。僕は神戸市を拠点に、建物の企画・設計・運用に長年携わり、いいものを一生懸命つくってきたという自負があります。それなのに、自分が生まれ育った地域は高齢化が進み、荒れてしまっている。これを何とかしたいけれど、情けないことに、どうしたらいいのかわからない。そこで、大学時代の同級生で地元の大学で建築やまちづくりを教える川北先生に、この地域を楽しいまちにするにはどうしたらいいのか相談したんです。

川北：お話を聞いて、まずこのまちの魅力は何なのかリサーチしたんです。この地域は妙法寺川沿いに南向きの斜面が多く、眺望もよいところです。1930 年代から住宅地としての開発が進み、特に高台部分は 1960 年代に大規模な造成が行なわれましたが、現在は高齢化が進み、建物の老朽化などの問題を抱えています。でも、学生たちと一緒に歩いてみると、地形に合わせてあちこちに設けられた階段、道路脇に置かれたベンチや家具など、住民の生活の中から形づくられたおもしろい要素をたくさん発見しました*。

鈴木：古くて汚いと僕が思っていることに対して、学生たちは「おもしろい」「個性的だ」と言ってくれる。これ

「駐車場のリノベーション」2015 年
空き区画が目立つ駐車場に 3 つの住戸を計画。休憩用のベンチなども用意し、近隣住民の散策コースになるよう意図した
（事業主体：大和船舶土地、企画・設計：神戸芸術工科大学プロジェクトチーム〈花田佳明、川北健雄、中村卓〉＋設計組織アルキメラー級建築士事務所〈山田宰〉）

妙法寺川

鈴木文化シェアハウス

「禅昌寺キオスク」2014 年
1 階店舗が空いていた長屋をシェアハウスに改修。角地側に設けた「キオスク」は近隣住民の交流の場にもなっている
（事業主体：大和船舶土地、企画・設計：神戸芸術工科大学神撫町・禅昌寺町プロジェクトチーム〈川北健雄、花田佳明、小菅瑠香、中村卓〉＋ランドサット〈安田利宏〉）

大和船舶土地と神戸芸術工科大学が協働するリノベーションプロジェクトの対象物件。1970 年代、石垣の上に建設されたプレハブ住宅

鈴木祐一
（すずき・ゆういち）

1959年兵庫県生まれ。1982年京都工芸繊維大学工芸学部建築学科卒業。1984年同大学大学院修了。同年、大和船舶土地取締役に就任。一級建築士。現在、同社代表取締役社長。

川北健雄
（かわきた・たけお）

1959年滋賀県生まれ。1982年京都工芸繊維大学工芸学部建築学科卒業。コロンビア大学大学院MSAAD課程修了。大阪大学大学院博士後期課程単位取得満期退学。現在、神戸芸術工科大学教授。博士（工学）。

花田佳明
（はなだ・よしあき）

1956年愛媛県生まれ。1980年東京大学工学部建築学科卒業。1982年東京大学大学院工学研究科修士課程修了。日建設計などを経て、現在、神戸芸術工科大学教授。博士（工学）。

までの僕は、古くなったものを排除して新しいものをつくろうと発想しがちでした。でも、今あるものをそのまま受け止めることで、新たな価値を見出すことができると気づかされたんです。

——その経験が、鈴木文化シェアハウスにつながるのですね。

鈴木：そうですね。空き室となっている1階の3部屋だけ改修してシェアハウスにしたらどうかと提案されたとき、はたして僕に運営できるのか不安でしたが、川北先生、花田先生をはじめとした先生方に背中を押されて始めてみたら、おもしろいプロジェクトになりました。

川北：オーナーと大学、さらに実務を担う設計者がチームとなり、誰かが先導するのではなく、それぞれの役割を果たしながら、学生たちと何パターンもの模型をつくり、話し合いを積み重ねていきました。

花田：中央に共用スペースのある5室案、道路側に個室を配置する案など、多くの案を検討しましたが、結果的にオープンな場が生まれてよかったですね。鈴木さんは学生時代、建築を専攻していたから、僕らの意図をよく理解してくれるし、事業者として的確な意見をもらえる。学生たちに解体や塗装を任せたり、構造用合板を張っただけというラフな仕上げの内装を、鈴木さんはヒヤヒヤしながらも受け入れてくれました。

鈴木：人と同じようなものをつくるのであれば、チームでやる意味がありませんからね（笑）。これからの不動産業は、「きれい」ということだけではだめ。人のつながりや社会性のあるデザインが必要です。そのためには、信頼できるチームが必要なんだと、鈴木文化シェアハウスを通じて学びました。

——同様のチーム構成で、他のプロジェクトにも展開していますね。この地域に関わることを楽しんでいるような印象を受けます。

鈴木：駐車場に家を建てたプロジェクト「駐車場のリノベーション」は、一見、変な風景に見えるかもしれないけれど、みなさん楽しく住んでいらっしゃいます。

川北：多数派ではないけれど、こういう場所に住みたいという車好きの人はいるんです。僕らのプロジェクトに共通しているのは、特殊解のようで、汎用性のあるコンセプトを立てるということです。

花田：そうですね。空き区画が増え、オーナーが持て余しているような駐車場は、全国にたくさんある。そこに住宅を3軒建ててみたら、どういうことが起こるのか。駐車場でもあり、住宅地でもあり、公園でもある状態をつくるという社会実験でもあるんです。僕らは大学で研究・教育をする立場ですから、いろいろな可能性を示すことが社会的な役割だと思っています。鈴木さんはそれをよく理解しているから、学生の課題となる物件を提供してくれるんです。現在は、軽量鉄骨のプレハブ住宅のリノベーション計画を学生と一緒に進めています。

——地方都市にはおもしろいリソースがたくさんありますね。こういう試みが、地域に対してじわじわと効いてくると思います。

花田：僕らが取り組むリノベーションというのは、建築や町の中にあるさまざまなエレメントをリ・デザインして放り込んでいこうという壮大な実験です。それぞれは小さな事例かもしれないけれど、地域の中でいくつか実践することによって、大きなインパクトになってくるはずです。

鈴木：小さくてもいいから、世界を変えていくような、ピリッとしたものをつくろうと、花田先生によく言われるんです。すごく勇気づけられますね。

　僕らの試みが知られるようになり、「これを再生してほしい」と多くの物件を紹介されるようになりました。先生たちもやりたいと言ってくださるし、必ずいい提案が返ってくる。こういう信頼関係があるからこそ、僕も挑戦できるんです。

＊川北健雄、花田佳明、金子晋也「地域特性の解読に関するケーススタディ：神戸市須磨区の住宅地を対象として」神戸芸術工科大学紀要、2012年

【シェアのディテール】 DETAIL

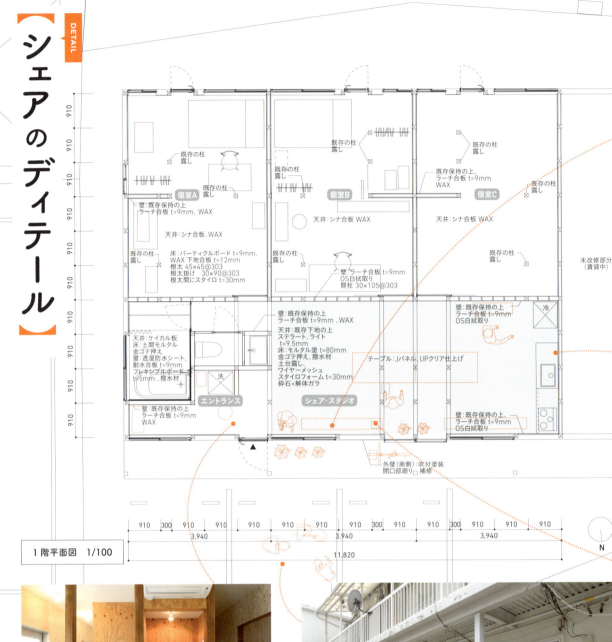

1階平面図 1/100

エントランスと洗面も、シェア・スタジオと一体空間
玄関で靴を履き替え、シェア・スタジオではスリッパで過ごす。浴室とトイレを除くスペースは、シェア・スタジオと一体的に計画されていて、居住者の生活行為が緩やかにつながる

まちに開いたシェア・スタジオ
前面の駐車場は、シェア・スタジオと道路の間の緩衝空間。犬の散歩をしているご近所の方が立ち話をするのも日常的な風景のひとつ

掲示版・当番表
日々の連絡事項は、シェア・スタジオの壁にあるホワイトボードに書いて共有。買い物リストや掃除当番表、長期外出の予定なども書き込む

専門書をシェア
本棚には、教員から譲り受けた建築系の専門雑誌のバックナンバーが並ぶ。専門書のミニ・ライブラリーである

共用の鍋や家電が並ぶキッチン
鍋や家電は、使いやすく元に戻しやすいよう隠さず収納。ワイヤーのストック棚は、中が見えるので補充を忘れにくい（左）。共用の冷蔵庫は、段ごとに個人の割当とする。冷凍庫には保存用バッグに名前を書いて収納（右）

DATA

居住者数（満室の場合）	3名
バスルーム	1室
洗面台	1台
洗濯機	1台
掃除機	1台
コンロ	1台
台所水栓	1本
冷蔵庫	1台
レンジ（オーブン）	1台
鍋・フライパン	3個・2個
炊飯器	1台

共有の食器や調味料は見せて収納
食器は、初代の住人が買いそろえた共用物。調味料は共益費で購入。食器、調味料は、わかりやすく見せて収納

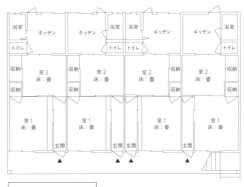

改修前平面図

【オーナーと大学、居住者の連携するしくみ】

　鈴木文化シェアハウスがある神戸市須磨区の住宅地は、六甲山系西端部の南山麓に位置し、開発から50〜80年が経過したエリアである。同エリアに居住し、自宅周辺に複数の不動産を所有する大和船舶土地の鈴木祐一社長（以下、オーナー）は、古くなった建物に対しても、また高齢化しつつある地域に対しても何かしらの手を加え、更新することの必要性を感じていた。

　そこで、大学時代の同級生である神戸芸術工科大学の川北健雄教授に相談を持ちかけ、「シェアハウスとしてリノベーションするのはどうか？」という提案を受けたことからプロジェクトがスタートした。プロジェクトは、大学院の演習課題にも組み入れられ、コンセプトづくり、設計、現場での解体作業、シェア・スタジオのテーブル制作、ペンキ塗りなど一連のプロセスに学生も参加した。神戸芸術工科大学神撫町・禅昌寺町プロジェクトチーム（川北健雄、花田佳明、金子晋也、金野千恵）と、設計事務所（KONNO、ランドサット）、そしてオーナーがチームとして取り組む点に、本プロジェクトの特徴がある。

　入居者はつねに大学が学生に向けて公募する。徒歩1分のところに住むオーナーも、時々立ち寄り、差し入れをしたり「何か問題ないか〜？」と声をかけたりする。

　徒歩圏内に位置し、長屋を改修したシェアハウス「禅昌寺キオスク」の居住者も、神戸芸術工科大学の建築学生であり、2つのシェアハウスの交流も盛んである。オーナーと大学と居住者の連携プロジェクトが、設備が古くなりプランも現在のニーズに合わなくなった木賃アパートと高齢化した古い住宅地に新しい可能性を与えている。

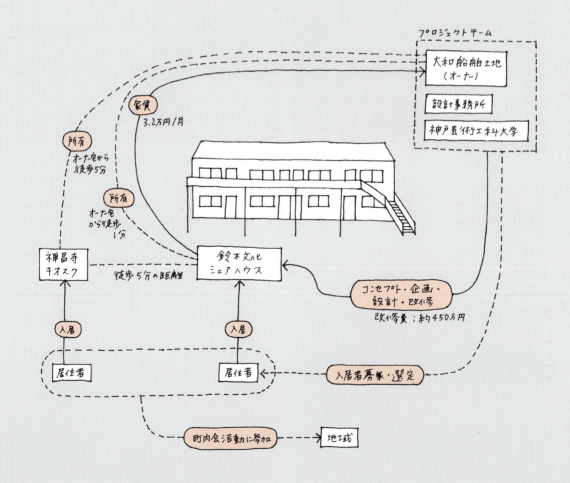

SHARED HOUSE #04

廃ビルを商店街の拠点へ

シェアフラット馬場川

所在地：群馬県前橋市千代田町　個室数：11室　建物規模：地上3階（シェアハウス：2階・3階部分）
敷地面積：170.37㎡　建築面積：153.13㎡　延床面積：443.21㎡（シェアハウス：約220㎡）　個室面積：16.83〜31.35㎡
共用部分面積：52.17㎡（キッチン、サロン）　家賃・共益費：26,000〜37,000円・9,500円　構造：鉄筋コンクリート造
改修設計：前橋工科大学建築学科石田敏明研究室＋石田敏明建築設計事務所＋タノデザインラボ

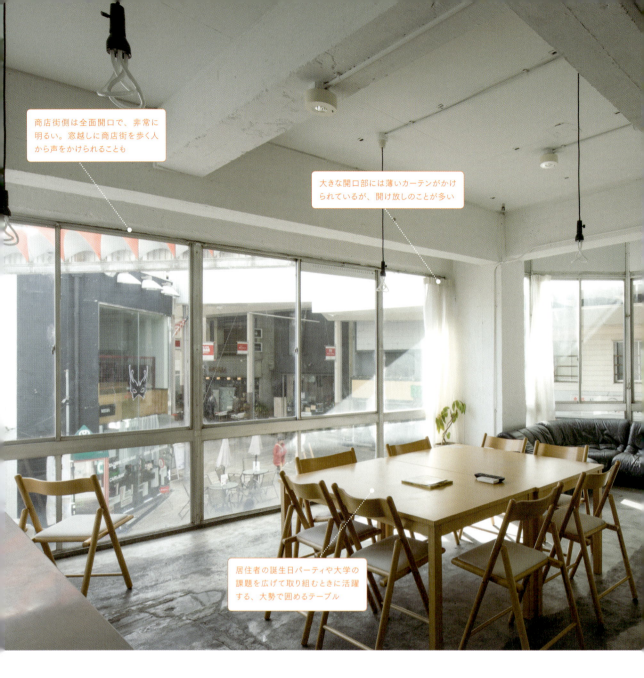

商店街側は全面開口で、非常に明るい。窓越しに商店街を歩く人から声をかけられることも

大きな開口部には薄いカーテンがかけられているが、開け放しのことが多い

居住者の誕生日パーティや大学の課題を広げて取り組むときに活躍する、大勢で囲めるテーブル

【商店街の廃ビルに学生】

「シェアフラット馬場川」は、前橋中央通り商店街のちょうど真ん中にあるが、元は雑居ビルで長く空き家だった。シャッターを下ろす店も増えつつあった中央通り商店街の中でも、その雑居ビルは、上階が鳩の巣だらけになり異様な雰囲気だった。そこで地元の有志が立ち上がり、LLP* 前橋まちなか居住有限責任事業組合を組織し、この建物の改修を企画した。リノベーションの目玉は、2、3階につくられた学生専用のシェアハウスで、1階にはコ・ワーキングスペースを運営するまちづくり会社、そして店舗が入り、廃ビルは商店街の拠点として再生された。

【商店街と関わる仕組み】

まちなかに若者を呼び込み、中心商店街の活性化につなげようというこの試みには、前橋市も賛同し、ここに暮らす学生は、商店街の清掃活動やイベントの手伝い、コミュニティラジオへの出演など、地域活動への参加を条件として、前橋市からの家賃補助が受けられる。

そうした郊外の大学に通う学生と商店街の活動のパイプ役になっているのが、中央通り商店街の理事長で化粧品・婦人洋品店を営む大橋慶人氏である。大橋氏は、何かと学生たちのシェアハウスでの日常生活をサポートし、学生が商店街と関わる仕組みのハブになっている。

*「Limited Liability Partnership」の略称で、有限責任事業組合のこと。組合員の責任は有限であるとされ、法人税が課されない組織。

携帯片手にのんびりするときなどに使われるソファ。その時々でフォーメーションは変わる

居住者のキッチンであり、ダイニングであり、リビングでもあるサロン。既存の床を取り除きコンクリートの床というラフな仕上げ。奥のキッチンには、冷蔵庫のほかに冷凍庫も設置されている

サロン中央にある既存の柱によって、ダイニング、テレビがあるリビングスペース、ソファスペースに緩やかに空間が分節されている

【異文化交流とルール】

シェアハウスの入居者の募集には、周辺の大学にチラシを置いてもらったり、入学案内に同封してもらったりしている。空き室があるときは、短期で群馬大学の研修生や、1階のまちづくり会社のインターン生も受け入れている。その結果、ここには、建築学科、社会情報学科、総合デザイン工学科といった大学や専門学科の異なる分野の学生が集まる。いつも、同質な集団の中で暮らしている学生にとって、刺激的な異文化交流となる。このシェアハウスの運営が、自主運営であることも、その異文化交流に拍車をかけている。

異文化交流には、ルールが必要である。学生たちは、話し合いによってそのルールや運営方法を決めている。友人の宿泊は、原則禁止。サロンは事前に連絡し承諾を得られれば、友人を呼んでもOK。そのため広いサロンのテーブルは、クラスメイトを招いてグループ課題に取り組む場所として活用されることもある。運営にあたり、「ハウス長」「会計係」「買い出し係」「イベント係」などの担当がある。会計係は毎月消耗品費として、500円ずつ徴収。イベント係は、誕生会やバーベキューなどを企画する。日常的な掃除やゴミ捨ては当番制だが、長期休暇前には全員参加で大掃除をする。

【シェアのディテール】 DETAIL

コミュニケーションボード
日々の連絡事項やハウスミーティング時に活躍するコミュニケーションボード。最近は、LINEのグループメッセージも活躍

2階平面図 1/100

まちに開いたサロン
商店街に暮らしていることを実感できる大きな窓。インターフォンが鳴ると、窓から顔を出して来訪者を確認

キッチン台の下に分別ボックス
ゴミ捨ては当番制。大橋氏がこっそりゴミ捨てのサポートをしてくれている

DATA

居住者数(満室の場合)	11名	台所水栓	1本
バスルーム	2室	冷蔵庫	2台
洗面台	2台	電子レンジ	1台
洗濯機(無料)・乾燥機(有料)	各2台	鍋・フライパン	6個・3個
掃除機	2台	オーブントースター・ホットプレート	各1台
コンロ・携帯ガスコンロ	各1台	炊飯器	2台

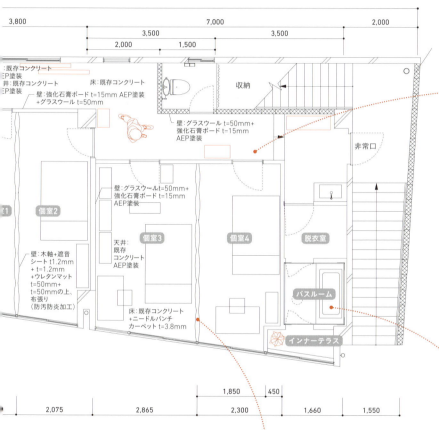

靴を脱ぐ場所
個室前の廊下に下駄箱を置いたり、マットを敷いて並べたり、室内に下駄箱を置くなど、各自工夫している

マットレスのような柔らかい壁
ライフスタイルに合わせて選べるよう、意図的に個室の大きさは異なる。ウレタンマットの上に布張りした間仕切り壁のつなぎ目をハンガー掛けとしている学生もいる

インナーテラスがあるバスルーム
インナーテラスを通して、バスルームに明るい日差しが差し込む。シャンプーなどは、各自部屋から持参する

POINT!

【路面店舗にはまちづくり会社】

馬場川通りに面した1階は、まちづくり事業に取り組む会社「オリエンタル群馬」のオフィスであるが、イベントスペース、ギャラリー、セミナースペースとして利用されることもあり、人が集う場所になっている。

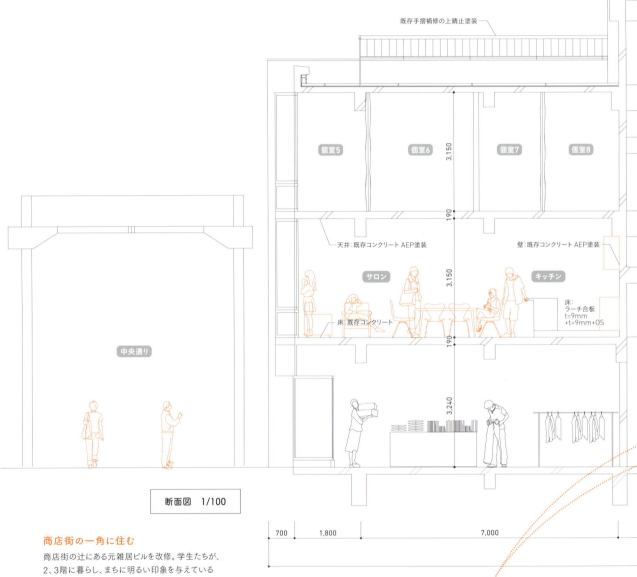

断面図 1/100

商店街の一角に住む
商店街の辻にある元雑居ビルを改修。学生たちが、2、3階に暮らし、まちに明るい印象を与えている

エントランスと駐輪場
個人用のポストを設置。駐輪場はシェアハウスの居住者専用で、1人1台の自転車もしくは原付きバイクが置ける

屋上でさまざまなイベント

屋上では居住者やオリエンタル群馬が企画するイベントを開催することもある。外国人アーティストを招いての廃材を使ったアートワークショップも行われた

断面図における各部仕様：

- 既存手摺補修の上錆止塗装
- 既存
- 天井：既存コンクリート AEP塗装
- 壁：強化石膏ボード t=15mm AEP塗装+グラスウール t=50mm
- 個室9／個室10／個室11／テラス
- 壁：既存コンクリート AEP塗装
- 床：既存コンクリート+ニードルパンチカーペット t=3.8mm
- 天井：既存コンクリート AEP塗装
- 壁：グラスウール t=50mm+強化石膏ボード t=15mm AEP塗装
- 個室1／個室2／個室3／個室4／脱衣場
- 壁：既存コンクリート AEP塗装
- 床：既存コンクリート+ニードルパンチカーペット t=3.8mm
- 壁：木軸+遮音シート t=1.2mm+t=1.2mm+ウレタンマット t=50mm+t=50mmの上、布張り（防汚防炎加工）
- 天井：既存コンクリート
- 壁：既存コンクリート
- 駐輪場
- オリエンタル群馬（まちづくり会社）
- 床：既存コンクリート

寸法：最高高さ 1,215／620／695＝2,530、軒高、3,340（3SL）、3,340（2SL）、3,635（GL）、合計 10,315／12,845

平面寸法：3,800／7,000／1,410／合計 24,910

まちづくり会社「オリエンタル群馬」のワーキングスペース

まちに向けてオープンな空間。日中は人の出入りが多く、目の前の馬場川で休憩する人の姿も見られる

シェアハウス図鑑 | 41

POINT!

【商店街と関わりながら暮らすしくみ】

　シェアフラット馬場川は、馬場川通りと中央通りが交差する角地に位置する。1969年に建てられた元雑居ビルで、1階にミシンショップと電化製品店、2階には喫茶店と手芸店による編み物教室、3階は雀荘と商事会社が入居していた。特に、2階にテナントとして入っていた喫茶店は、学生から年配の方までが通う憩いの場所であった。しかし、昭和の終わりからテナントの退去が相次ぎ、長い間、空きビルとなっていた。

　シェアハウスへの取り組みは、前橋工科大学石田敏明教授（当時）と事業コーディネーターの小林義明氏から、この空きビル（旧竹田ビル）を活用して学生専用のシェアハウスにしたいと、前橋中央通り商店街復興組合に相談があったことからスタートした。

　前橋中央通り商店街には、50ほどの店舗があるが、郊外の大型店舗の出店により衰退しつつあり、商店街の活性化に向けて、まちなかへの若者回帰に可能性を感じていた。そこで、出資者を募り、LLP前橋まちなか居住有限責任事業組合を立ち上げ、空きビルのオーナーを探し出した。東京在住のビルのオーナーは、相続したものの放置していた空きビルを、商店街のために使えるならと、1棟を1カ月につき4.5万円（15年の定期借家）と格安で提供してくれた。コンバージョンの基本設計は前橋工科大学石田研究室（当時）が担当し、行政からは、建設にあたっては住宅転用促進事業の補助金を受け、地域活動を行なうまちなか居住学生に対する家賃補助制度が新たに整備されるなどのサポートが行われている。

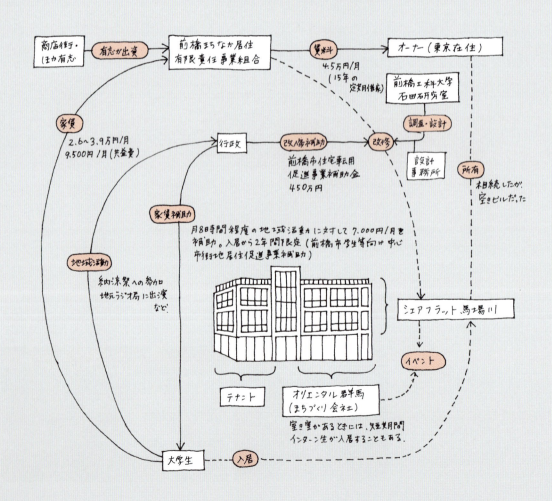

SHARED HOUSE #05

京町家を連携

京だんらん嶋原

所在地：京都府京都市下京区西新屋敷下之町　個室数：7室　建物規模：地上2階　敷地面積：100.06㎡
建築面積：75.98㎡　延床面積：147.16㎡　個室面積：6.79〜10.76㎡　共用部分面積：66.67㎡（LDK）
家賃・共益費：42,000〜63,000円・10,500円　構造：木造　改修設計：魚谷繁礼建築研究所

【お茶屋の活用】

　古い京町家は、京都の伝統的なまちなみを形づくるものとして保存利活用を求める声が多い。しかし、中規模な京町家は、1家族で賃貸するには部屋数が多く、家賃も高い。また、空間が小割りされているため店舗としても使い勝手が悪く、活用のハードルは高い。元お茶屋の「京だんらん嶋原」は、こうした京町家のスケールを活かし、シェアハウスとして活用する「京だんらん」シリーズのひとつである。花街として京都文化の一翼を担った京都市嶋原に位置し、1925年にはすでに存在していたとされる建物は、通りに面した2階の3つの接待空間、客を迎え入れた広い土間の玄関、坪庭など随所に当時の面影を残している。

【京町家好きが集う】

　改修は、水回りの更新、通り庭の一部を台所にするなど最小限にとどめている。そのため、土間、夕日が差し込む座敷、風情ある坪庭、個室に残る土壁など京町家の趣を色濃く残している。そんな京だんらん嶋原に、現在25〜40歳の社会人7名が住む。京町家に暮らしたいと探していたら最終的にこのシェアハウスにたどり着いたという京町家愛にあふれる居住者たちである。

　便利な暮らしに慣れた現代人にとって、京町家での生

階段下空間も収納として有効利用

竿縁天井と籠目編みの網代壁はお茶屋時代のなごり

2階の個室へ

通り庭の一部を台所に

靴入れ

飛び石を渡って移動

ソファとテーブルが置かれた小上がり。読書をしたりしてゆったり過ごせる

お茶屋時代、客を迎え入れていた広い玄関

個人所有の調味料は居住者別の棚に収納。コンロ脇に置かれた調味料は共有物

坪庭に差し込む日差しが心地よい

京町家の構成を残しつつ、大きなダイニングテーブルを囲む椅子座にした

畳の上でごろりと寝転ぶ人も

台所は土間より高さ15cm、食堂は30cm、座敷は45cmの段差が設けられている

活は必ずしも楽ではない。冬は底冷えするし、隙間風もある。壁で仕切られているが防音性は低い。居住者たちが、こういった京町家独特の質を受け入れ、銘々お気に入りの場所を満喫し暮らしている姿に、昔ながらの京町家での生活の息づかいや作法が感じられる。

【京町家をつなぐ】

「京だんらん」シリーズの5軒のシェアハウスの交流をサポートするのが、運営会社「八清」のコミュニティマネージャー髙橋宏太氏である。「京だんらん」の間で、交流の機会が欲しいという居住者の声に応え、各シェアハウスの雰囲気に合わせたイベントや、鍋パーティ、クリスマス会、流しそうめんなど季節に合わせたイベントを企画する。

現在、見られる京町家の意匠は、江戸時代に町衆の連携による自主規制や美意識によって成立したといわれている。京町家が消え、そこに暮らす住人がいなくなれば、まちの佇まいも変化していく。そのようななか、複数の京町家をシェアハウスとして再生する「京だんらん」の試みは、居住者の中に住まいへの新しい価値観をつくり出している。それは、このまちにとって、単に古い町家を再活用するだけではない、大きな意味をもつものになるだろう。

【シェアのディテール】

DETAIL

京町家ならではの坪庭
京町家の特徴でもある坪庭は、風、光、草木などの自然を身近に感じることができる共用空間

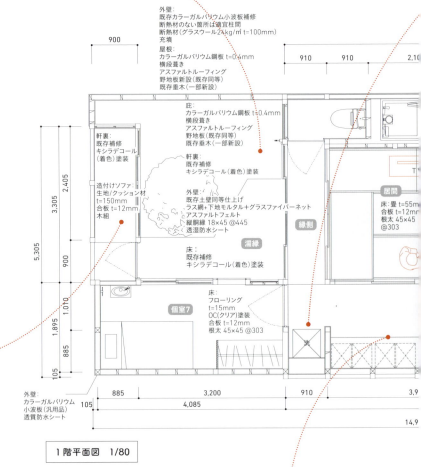

外壁：
既存カラーガルバリウム小波板補修
断熱材のない箇所は適宜柱間
断熱材（グラスウール24kg/m³ t=100mm）
充填

屋根：
カラーガルバリウム鋼板 t=0.4mm
横段葺き
アスファルトルーフィング
野地板新設（既存同等）
既存垂木（一部新設）

庇：
カラーガルバリウム鋼板 t=0.4mm
横段葺き
アスファルトルーフィング
野地板（既存同等）
既存垂木（一部新設）

軒裏：
既存補修
キシラデコール（着色）塗装

造付けソファ：
生地/クッション材 t=150mm
合板 t=12mm
木組

軒裏：
既存補修
キシラデコール（着色）塗装

外壁：
既存土壁同等仕上げ
ラス網＋下地モルタル＋グラスファイバーネット
アスファルトフェルト
縦胴縁 18×45 @445
透湿防水シート

床：
畳 t=55mm
合板 t=12mm
根太 45×45 @303

床：
既存補修
キシラデコール（着色）塗装

床：
フローリング t=15mm
OC（クリア）塗装
合板 t=12mm
根太 45×45 @303

外壁：
カラーガルバリウム小波板（汎用品）
透湿防水シート

1階平面図 1/80

赤い床の多目的スペース
改修時、食堂と居間の裏に水回りをまとめて配置し、かつてお手洗いのあった場所は多目的スペースに

DATA

居住者数（満室の場合）	7名	台所水栓	1本
バスルーム	1室	冷蔵庫・冷凍庫	7台・3台
シャワールーム（バスルームと別にシャワーのみ）	1室	レンジ（オーブン）	1台
洗面台	1台	鍋・フライパンなど	7個
洗濯機・乾燥機	各2台	コーヒーメーカー・電気ケトル・トースター	各1台
アイロン・掃除機	各1台	炊飯器	2台
コンロ	1台		

冷蔵庫はひとり1台
居住者数に応じた小型冷蔵庫が並ぶ。
冷凍庫は2人で1台をシェア

縁側の隅に共用の洗濯機

洗濯機を使うときは、使用者の名前が書かれたマグネットで、使用中であることを示す

お茶屋時代のなごりである広い玄関

小上がりには、ソファとテーブル、土間の一角には共用の本棚が置かれ、まちと家をつなぐスペースとなっている

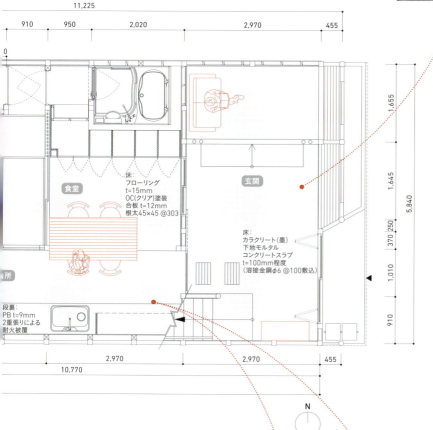

石畳が残るまちに佇む

伝統的なまちなみを残す嶋原。できるだけ当時の雰囲気を残しながら、京町家をシェアハウスにリノベーションした

調味料棚は個人別

調味料は居住者ごとに用意された収納棚に。箸、カトラリー類は、カウンター下の個人用ボックスに収納

共用物は見せて収納

電子レンジ、オーブン、炊飯器、コーヒーメーカー、電気ケトルなど、階段下に収納された共用物

POINT！
【なごりのデザイン】

シェアハウス2階の個室は、お茶屋時代の部屋割りをそのまま活かしている。廊下の緋毛氈(ひもうせん)や開口上部に設けられた小庇など、当時のなごりをとどめた改修である。7つある部屋の名前は、太夫の名前に由来し、お茶屋の歴史を引き継ぐ。

お茶屋の空気を残す個室
網代天井と土壁が、お茶屋だった当時の雰囲気をそのままに残している

2階平面図　1/120

京町家好きの心をつかむ細部
人造大理石研ぎ出しの流し台(左)、天井太鼓梁(中)、個室の前の小庇と太夫の名前に由来する室名が記されたプレート(右)など、空間の細部からもお茶屋のなごりが感じられる

POINT!

【シェアハウスとして生きる京町家】

京都市内には、伝統的な工法で建てられた京町家が約4万軒残っているといわれる＊。なかでも個人住宅としても商業施設としても利活用が難しいと言われる中規模の京町家をシェアハウスとして改修した。5軒の「京だんらん」シリーズはそれぞれの立地に応じた京町家の空間性を有しており、シェアハウスとなった現在でも、その建築の空間の特性を壊さずに運営されている。

＊京都市都市計画局「まちづくり調査に係る追跡調査の結果について」2017年5月

京都市内に点在する5軒の「京だんらん」

京だんらん西陣千両ヶ辻
（延床面積：265.06㎡／2013年7月～）
1日に千両に値する生糸や織物を扱った西陣織の中心に建つ築90年の京町家。奥に機場をもつ兼用住居であったと思われる。奥行きと裏庭の畑（約37坪）を活用した「食」がテーマのシェアハウス（改修設計：一級建築士事務所エキスポ）

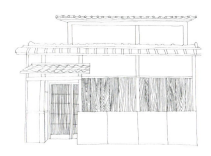

京だんらん御所東
（延床面積：158.23㎡／2014年1月～）
明治時代に建てられた大塀造りの住居専用の京町家。通りから一歩奥まった落ち着いた環境を活かして、小規模な女性専用のシェアハウスに改修された（改修設計：マウンテンアーキテクツ一級建築士事務所）

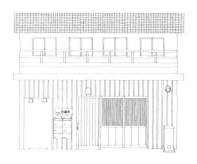

京だんらん東福寺
（延床面積：153.97㎡／2011年2月～）
かつて学生に間貸し業を営んでいた築80年の京町家。玄関から土間越しに見えるキッチンと一体化した大きなダイニングテーブルが印象的なシェアハウス（改修設計：魚谷繁礼建築研究所）

京だんらん白川舎
（延床面積：108.42㎡／2014年8月～）
1934年に下宿として建てられた町家を現代の下宿としてリノベーションした事例。個室4室の女性専用のシェアハウスである（改修設計：八清）

POINT!
【京だんらん嶋原の事業スキーム】

　京だんらん嶋原は、八清で物件を購入・改修し、リーシング方法とコミュニティ運営もあわせ、新たな物件として販売された事例である。東京在住の現オーナーは、投資物件として改修済みのシェアハウスを購入し、運営・管理を八清のプロパティマネジメント部に委託している。居住者からの賃料のうち20%をシェアハウスの運営・管理費に充て、家賃から差し引いた金額がオーナーに支払われる。むやみに個室数を増やすのではなく、京町家の良さを活かし、広い共用空間を取り入れた改修は、こうした事業スキームがあるからこそ実現しているのである。

　八清のシェアハウス運営には、同部署のコミュニティマネージャー髙橋氏が担当し、入居希望者の内見から入居審査、入居後まで一貫して関わる。前職でまちづくりに関わってきた髙橋氏は、京都市内に5軒あるシェアハウスを定期的に訪問し、居住者との会話から要望やクレームなどをすくいあげ、その都度対応することでトラブルが起こらないよう心がけている。また、居住者の好み、シェアハウスの雰囲気に合うイベントを定期的に企画している。年に1度のバーベキューには、居住者、元居住者、それらの友人を含めて70名を超える人が集まるほど、京町家の連携がコミュニティの核になっている。一般的な不動産会社が運営するシェアハウスにも、日用品の補充やクレームを対応する運営・管理スタッフはいるが、シェアハウス間の交流に関わるスタッフの配置は珍しい。

　居住者の多くは、京都市外から引っ越ししてきた人たちである。京町家の間取りを極力残しながらも、現代の暮らしに合うようにモダンに改修されたシェアハウスにはイベントに積極的な人たち、昔ながらの京町家の雰囲気を残すシェアハウスには京町家にこだわりのある人たちなど、空間の雰囲気によって居住者のキャラクターが異なる。個性の強い5軒のシェアハウスを誰でも気軽に参加できる仕掛けを通してつなぐ役割を担っているのが、髙橋氏である。

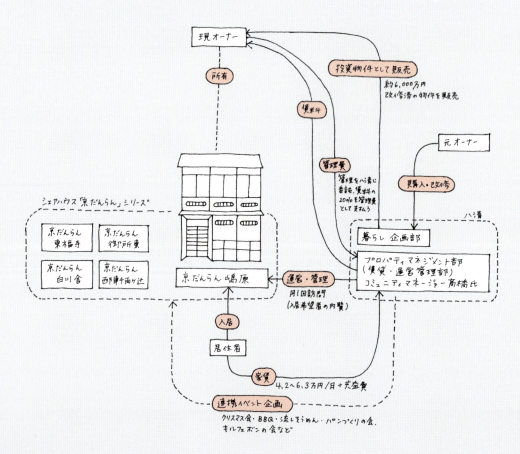

SHARED HOUSE #06

石巻のサードプレイス

SHARED HOUSE 八十八夜

所在地：宮城県石巻市　個室数：2室＋ドミトリー1室（4ベッド）　建物規模：地上3階（シェアハウス：2階部分）
敷地面積：142.53㎡　建築面積：123.44㎡　延床面積：307.15㎡（シェアハウス：約127.47㎡）
個室面積：19.8・26.4㎡（ドミトリー：約31.67㎡）　共用部分面積：約7.96㎡（ダイニング）、約13.22㎡（コモンスペース）
家賃：30,000円（個室）、25,000円（ドミトリー）＊共益費込み　構造：鉄筋コンクリート造＋木造
改修設計：渡邊享子・遠藤誉央／合同会社巻組

コンパクトなキッチン。もともとあった流し台をそのままシェアハウスのキッチンに利用

押入れの周りに広がる私的領域。4名で使うドミトリーでは、私物の収納場所を中心に領域化される

これまで行われたイベントのフライヤーやインスタント写真が飾られる。ギャラリーのようだ

【店舗上の空き部屋を再び住まいへ】

　地方の商店街には、1階を店舗、上階を住宅としている店舗併用住宅が多いが、住宅地の郊外化に伴い、住まいを郊外住宅地に移し、商店街の店舗に車で通勤するという生活スタイルが一般化している。そのため、店舗併用住宅の上階の住まいが空き部屋として放置されている姿をしばしば見かけるが、所有者である店主は賃貸物件として活用する必要性を感じていない。一方、移住してきたばかりの住民は、車社会の地方での生活に慣れるまでは、まちなかでの生活が便利である。しかし、まちなかには賃貸に出されている物件は少ない。

　「SHARED HOUSE 八十八夜」（以下、八十八夜）は、企画会社巻組が空き家となっていた店舗併用住宅の上階を2年という期限付きで借り、地元の若者とボランティアらが、セルフ・リノベーションし、シェアハウスとした事例である。そして、空き部屋と移住者をつなぐ新たな試みでもあった。現在、2年の期限が過ぎたため、八十八夜は市内にある別の一軒家に引っ越して、新たな物語をスタートさせている。

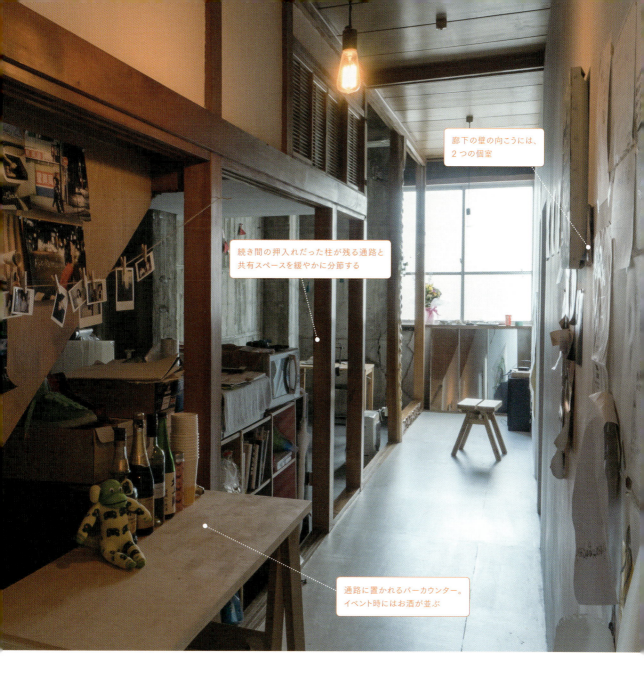

廊下の壁の向こうには、2つの個室

続き間の押入れだった柱が残る通路と共有スペースを緩やかに分節する

通路に置かれるバーカウンター。イベント時にはお酒が並ぶ

【ボランティアの拠点】

　東日本大震災の復興支援ボランティアは、地元住民の自宅の一室に居候したり、郊外の空き家を数人でシェアしたりするなど、住宅確保に困っていた。復興支援が一段落したあとも、長期的に住みながら支援したい、この場所で事業を始めて定住したいという声が高まっていた。

　そうした要望を受けて、住まいとして活用できる空き物件を探していた巻組は、石巻市の中心街の立町大通りにある、創業80年を超えるお茶販売店と出会う。店主である80代のオーナー夫婦は30年ほど前に石巻市郊外に引っ越していた。かつて居住スペースとして使われていた上階がお茶のストックや古い家具などの倉庫と化していたことから、2年間という期限付きでシェアハウスとして活用されることになったのである。ここで暮らしたのは、延べ25名。復興支援スタッフや市の臨時職員のほか、カメラマンや編集者など県外からの入居者が多い。

　オープンから2年後、シェアハウスは市内の別の場所に移転したが、オーナーは、スマホでfacebookを始め、元居住者たちの活動を見守っている。彼らの活躍を嬉しそうに語る姿から、お互いを気遣い見守り合いながら生活していた様子をうかがい知ることができる。

【シェアのディテール】

DETAIL

短期滞在用ドミトリーには2段ベッド
ドミトリー中央の共用空間を取り囲むように2段ベッドが配置され、カーテンの開け閉めでプライバシーをコントロールしている

シェアハウスへのアプローチ
商店街の店舗は壁を共有していないため、店舗両脇に人がひとり通れるくらいの通路がある。この通路を活かし、店舗内を通らずにシェアハウスに至る専用のエントランスを設けた

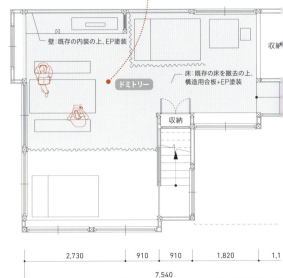

壁：既存の内装の上、EP塗装
床：既存の床を撤去の上、構造用合板＋EP塗装
ドミトリー
収納
収納

2,730 910 910 1,820
7,540

2階平面図　1/100

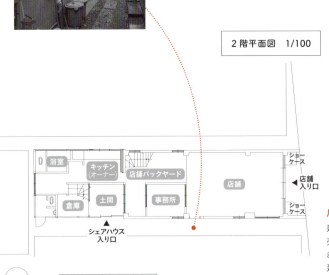

浴室／キッチン(オーナー)／店舗バックヤード／ショーケース／店舗入り口／店舗／倉庫／土間／事務所／ショーケース／シェアハウス入り口

1階平面図　1/300

N

店舗併用住宅
建物1階にあるお茶販売店。間口が狭く奥行きが深い間取り。隣の建物とのあいだにある通路の先にシェアハウスの入り口がある

54 ｜ 石巻のサードプレイス － SHARED HOUSE 八十八夜

元押入れがコミュニケーションの場に
階段下にあった押入れを解体し、共用のコモンスペースとした

奥に長い間取り
押入れだったことを思い起こさせる1間ごとに並ぶ柱

長期滞在のための個室
雨漏りしていたので、床と壁を補修した

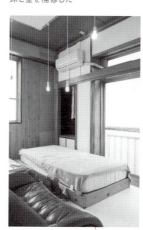

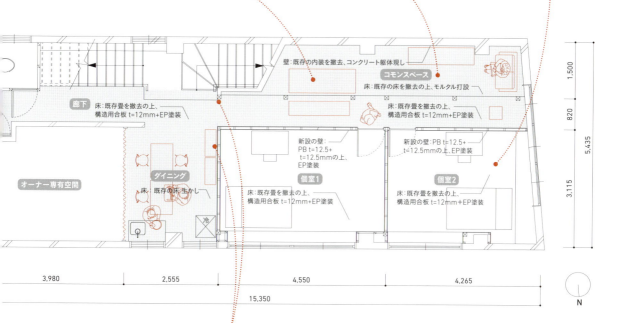

情報の集まるダイニング入り口
2階のダイニング入り口の壁面には、貼り紙やイベント時につくられた看板など、さまざまな情報が集まる

DATA

居住者数(満室の場合)	5名	冷蔵庫	1台
バスルーム	1室	電子レンジ	1台
洗濯機	1台	鍋・フライパンなど	6個
コンロ(IH)	1台	炊飯器	1台
台所水栓	1本		

POINT!

【お茶販売店の2階に暮らす】

3階建て鉄筋コンクリート造と2階建て木造が連結する建物である。オーナー家族が暮らした2階には、二間続きの和室、その奥に1部屋があった。シェアハウスに改修するにあたり、それぞれを個室2部屋と2段ベッドを2台置いたドミトリーへと間取りを変えた。

オーナーのキッチン
オーナー夫婦が昼食をとるキッチン。シェアハウスの入り口脇にあるため、居住者とのコミュニケーションの場にもなっている

1階土間は共用ランドリー
シェアハウスのエントランスには共用の洗濯機が置かれる

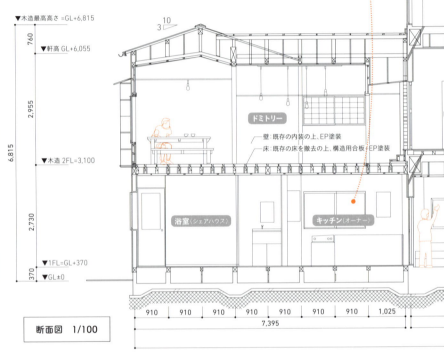

断面図 1/100

INTERVIEW

【お茶販売店の物語を受け継いで】
元居住者：シマワキユウ／メディアディレクター

物語性のある場所での暮らし

八十八夜には、コンセプトづくりや改修段階から関わりました。商店街のお茶販売店の2階という場所に物語性のようなものを感じ、自分もこの物語に参加したいという思いから、入居を決めました。

入居後に開催したお茶会、DJパーティ、パブリックビューイング、アート展などのイベントには、地元、移住者、若者から親子連れなど、いろいろな人が訪れてくれました。定期的にイベントを開催していたので、あの場所に行けば多様な人と交流できるというイメージができていたように思います。

個室同士の距離が近かったり、2段ベッドをカーテンで区切っただけだったり、境界が薄いのでマンションのようにプライバシーを確保できません。そういうことを気にしない、むしろ顔が見えてコミュニケーションがとりやすいと感じた人が入居していました。巻組さんが仕掛けたあの独特な空間は、一種のフィルタリングとなっていたと思います。ハードとソフトがうまく混ざり合い、おもしろい人を惹きつける装置のようになっていたのかもしれません。

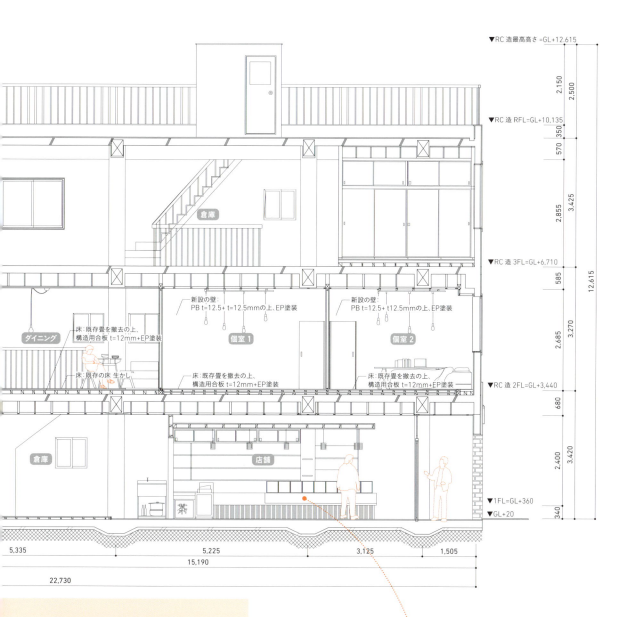

退去後も続く家族のような関係

「若い人たちが出入りしてくれて、私たちまで若くなった気がするの」というオーナーさんの言葉がとても記憶に残っています。シェアハウスで出会って結婚した元居住者も、お店には定期的に顔を出していましたし、シェアハウスが移転した今でもお茶を買いに行く人もいます。オーナーさんもシェアハウスの住人であり、家族のような関係になっていたように思います。

オーナーは1階でお茶販売店を営む
オーナーは、車で40分ほどの場所に自宅があり、通いで店舗を経営

シェアハウス図鑑 | 57

【商店街にある被災地初のシェアハウス】

POINT!

　八十八夜は、3階建て鉄筋コンクリート造と2階建て木造が連結する建物である。商店街に面した1階の店舗でお茶販売店を営む。30年ほど前までは、上階にオーナー家族が住む店舗併用住宅であったが、住まいを郊外に移してからは、上階はお茶のストックや使わなくなったタンス、頂き物などを置いておく場所になっていた。そんななか、東日本大震災後、ボランティアの住宅不足を解決しようと活動していた企画会社巻組から2階をシェアハウスとして活用する提案を受けた。80代のオーナー夫婦は、当初前向きではなかったが、東京の建設会社で働くオーナーの息子の説得もありリノベーションに至った。オーナーの息子には、最大8.6mの津波による浸水を経験しにぎわいを失った石巻の商店街を、もう一度元気にしたいという思いがあったという。

　改修にあたって、被災地再生創業支援事業の助成金200万円を活用した。2013年の秋から地元の高校生やボランティアなどと一緒に改修を始め、2014年5月にオープンした。2階は30年間住居として使用していなかったため、雨漏りしており床が傷んでいた。そこで、床を貼り直し、サッシのコーキングを補修した。店舗脇にある路地側に住居部分のエントランスがあり、店舗を通らずに2階にアクセスでき、奥行きの深い建物は、シェアハウスとして適していたといえるだろう。被災地初のシェアハウスということで、多くのメディアに取り上げられ、長期滞在希望のボランティアや地元の学生にも周知された。

　八十八夜はオープンから2年が経過し、まちなかの一軒家に引っ越しをした。リノベーションや運営に関わった巻組は、現在、八十八夜も含め石巻のまちなかに2軒、北上町で2軒、羽黒町に1軒、計5軒のシェアハウスを運営中である。いずれも、場所の特色を活かして農業のためのシェアハウス、アトリエ付シェアハウスなど、石巻での生業と生活の新たな関係を模索している。

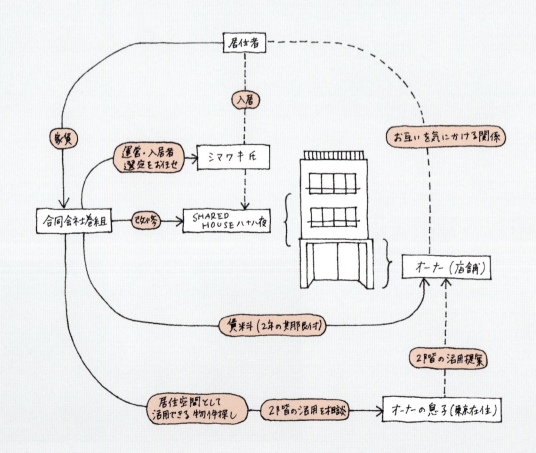

SHARED HOUSE #07

大浴場をリビングに

KAMAGAWA LIVING

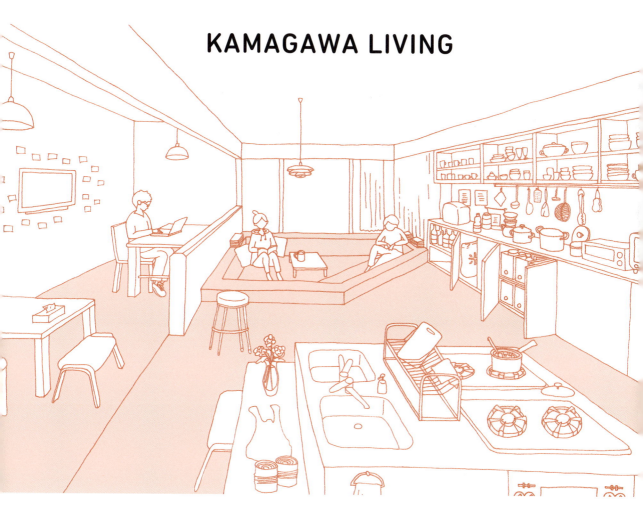

所在地：栃木県宇都宮市　個室数：16室　建物規模：地上6階（シェアハウス：2〜5階部分）
敷地面積：299.92㎡　建築面積：225.48㎡　延床面積：689.73㎡（シェアハウス：561.22㎡）
個室面積：14.01〜20.17㎡（3階）、16.83〜19.17㎡（4階）、13.32〜17.33㎡（5階）
共用部分面積：79.2㎡（ダイニング）、33㎡（ラウンジ）　家賃・共益費：45,000円・15,000円
構造：鉄筋コンクリート造　改修設計：ビルススタジオ

棚の上には共有物が置かれている。食器等は見えるように収納されている

洗い場だった場所。現在はキッチン棚を配置

大浴場の浴槽にカーペットを張って住人の居場所に。冬場にこたつを置くと、みんなで湯の中につかっているような風景に

脱衣スペースの躯体を残してダイニングスペースに

アイランド式キッチン。2台の流しとコンロを向かい合わせにし、両側から使える

【飲屋街の元ビジネスホテルに住む】

「KAMAGAWA LIVING」（以下、KL）がある釜川エリアは、現在でこそ数店舗が営業を続ける程度で活気を失いつつあるが、終戦直後は中河原と呼ばれた赤線地帯として、その後は市内屈指の飲屋街として人の往来があふれる場所であった。KLは、こうしたまちの中心部にあったビジネスホテルを改修した県内初のシェアハウスである。改修にあたり、ホテルのフロント脇にあった男性用の脱衣所と大浴場をつなぎ、シェアハウスのラウンジとした。浴槽の形をそのまま残したラウンジは裸の付き合いならぬ、シェアの付き合いの場として、近隣住民にもオープンなコミュニティの場として開放されている。かつて、出張で訪れたビジネスマンが宿泊していたビジネスホテルは、転勤を機に県外から転居してきた社会人が多く生活するシェアハウスへと変身し、釜川エリアに新しい風を吹き込んでいる。

【ルールは入居者が決める】

現在、ここには16名が暮らす。コモン空間の清掃はシルバー人材センターに依頼しているが、キッチンで使うふきんの洗濯やゴミ捨てなどは、居住者が分担して行う。仲介するビルススタジオが入居希望者に伝えるルールはシンプルで、「コモン空間に私物を置かないこと」のみ。共用空間の使用ルールは居住者が話し

各個室にミニ冷蔵庫があるのでキッチンには大型冷蔵庫1台。共有の飲み物や調味料、お裾分けの食材などを保存

JR宇都宮駅から徒歩15分

アパレル、雑貨店、カフェ、老舗の食堂がある宇都宮市釜川エリアに位置するKAMAGAWA LIVING

共用の自転車が置かれるエントランスホール。黒板にはイベント情報が書き込まれている

合って決める。シェアハウスのオープンから3年が経過し、居住者のキャラクターによってルールや係の種類も変化している。例えば、「キッチンの流しに洗い物を放置してはいけない」と徹底する時期もあれば、「次に使う人が不快な気持ちにならない程度に」と、緩やかになることもある。新しい居住者が増えると、ルールも更新されている。これが、ルールが形骸化しないコツ、らしい。

【地縁づくりの拠点として】

家賃が周辺のワンルームの相場よりも少し高いこともあり、居住者は社会人がほとんどである。地方で車なしの生活は不便である。その点KLは、元ビジネスホテルだったこともあり立地が良い。徒歩圏内に公共交通機関、飲食街があり、生活をスタートしやすい。KLでは、居住者の誕生日会、クリスマス会、流しそうめん、バーベキューなど居住者発信のイベントが、月1回程度開催され、地域の方や居住者の友人、元居住者など幅広い参加がある。こうした場や近隣との緩やかなつながりは、地縁がない居住者にとって、地域とつながるきっかけとなる。KLは地方都市のシェアハウスならではの役割を担っている。

【シェアのディテール】 DETAIL

両側から使える アイランドキッチン
調理器具はキッチンカウンターの引き出しにすべて収納

共用の冷蔵庫
居住者間のお裾分け食材や共有の調味料などが収められている

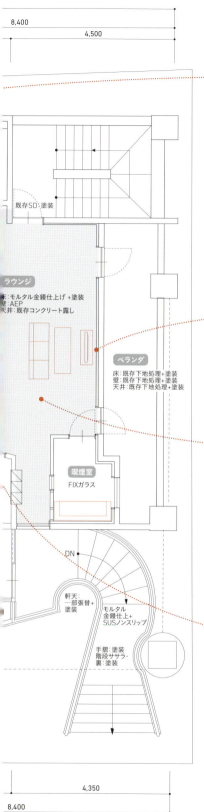

ラウンジ
床：モルタル金鏝仕上げ+塗装
壁：AEP
天井：既存コンクリート露し

既存SD：塗装

ベランダ
床：既存下地処理+塗装
壁：既存下地処理+塗装
天井：既存下地処理+塗装

喫煙室
FIXガラス

DN

軒天：一部張替+塗装

モルタル金鏝仕上+SUSノンスリップ

手摺：塗装
階段ササラ・裏：塗装

2階平面図　1/100

N

DATA

居住者数（満室の場合）	16名	コンロ	2台
バスルーム	1室	台所水栓	2本
シャワールーム *バスルームと別にシャワーのみ	2室	冷蔵庫（共用）	1台
洗面台	5台	レンジ（オーブン）	1台
洗濯機	3台	鍋・フライパンなど	10個
掃除機	2台	炊飯器	2台

居住者別のファイルボックス
個人の所有物は、居住者の名前が書かれたファイルボックスにまとめて収納。ひとめで誰の物かわかる

壁には思い出の写真
イベントや住人の誕生日会の集合写真が張られている。写真の数だけ歴史がある

エントランス脇のラウンジ
コモン空間だが、1人でぼんやりしたいときに利用する人もいる

オートロックの玄関
エントランスホール左側はテナントの飲食店、右側の扉がシェアハウスの入り口

POINT!

【客室からシェアルームへ】

元ホテルの3～6階は、それぞれカプセルルームフロア、ツインルームフロアであったが、シェアハウスに改修後、居住者の個室に生まれ変わった。3階は全面的に改修し新しく壁を設置し、4階のツインルームは、ユニットバスを撤去した以外は大きな変更をせず改修をした。部屋の壁は要望があれば居住者の好みの色に塗装でき、それぞれの個性が出る。

浴室前室に並ぶ洗濯機
洗濯機を誰が使用しているのか
ホワイトボードで伝達

居住者の個性が出る個室
モルタル床、コンクリートブロックの壁に囲まれたラフながらスタイリッシュな部屋

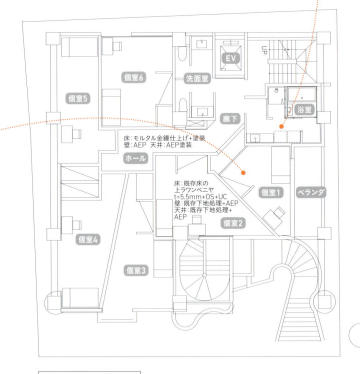

3階平面図　1/200

元ホテルの外観
クリーム色だった外壁をグレー系の外壁色に変更してシャープな外観とした

INTERVIEW

【ちょっとのつもりが4年目】

居住者：篠原拓実

「おかえり」と声をかけてくれる人がいる安心感

　KLに越してくるまで、シェアもひとり暮らしの経験もなかったのですが、急な引っ越しで住宅探しの時間がなかったため、従兄弟に紹介された家具付き・好立地のKLに即決しました。初めは、知らない土地での暮らしに不安もあったので、家に帰った時に電気がついていて「おかえり」と声をかけてくれる居住者がいることに心休まりました。

光庭のある廊下
かつてツインルームだった個室前の廊下。光庭から光が差す

屋上階はオーナー専用
屋上階はオーナー専用の屋上バーベキュー、ジャグジースペース。下階に住む居住者を招待してバーベキュー大会をすることもある

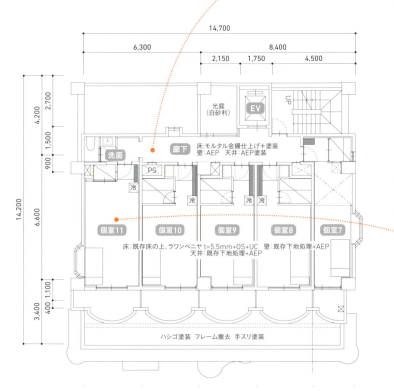

4階平面図

元ツインルームだった個室
ツインルームをベッド1つの個室に変更。ユニットバスを取り外し、大型の収納スペースに変更した個室もある

最上階にオーナーが暮らすシェアハウス

　最上階にはオーナーが住んでいます。代々、宇都宮市に住む家系で、まちの中心部が廃れてしまったことを案じていたので、使われなくなった元ビジネスホテルを利用することで、活気を取り戻したいという思いもあったそうです。そのため、KLの住人からの「餅つきをしたい」といった提案にも、すぐ「いいね！」と実行に移してくれます。普段の関わりは少ないですが、パーティーなどには積極的に参加をしてくれます。

宇都宮コミュニティの発信基地

　KLには、人とワイワイするのが好きな人たちが集まり明るい雰囲気です。以前の居住者の中には、千葉に住み、東京で働き、週末にKLに帰ってくる女性がいました。彼女の企画イベントをKLで開催したことをきっかけに、頻繁に通うようになり、ついにここに住むようになったんです。KLのみんなで彼女の実家に遊びに行ったこともあります。シェアハウスの枠を超えて、本気に楽しい時間を一緒に過ごすコミュニティの輪が、KLを中心に広がっているのは、ここに住む醍醐味かもしれません。

POINT!

【まちなかにネットワークをもって暮らすしくみ】

　JR宇都宮駅西側の商業エリアに住みたいというオーナーが、不動産部門をもつ設計事務所ビルススタジオに物件の相談をしたことからこのプロジェクトは始まった。まちなかにある戸建住宅サイズの土地は中層のビルに囲まれてしまい、居住環境として良好とは言えないことから物件探しは難航した。そんなときに見つけた建物が、6階建ての元ビジネスホテルであった。最上階をオーナー宅とし、下層階の活用方法としてシェアハウス計画がスタートしたのである。しかし、シェアハウス運営のノウハウがなかったため、着工前に入居希望者を募り、どのような設備が必要で、どのような生活がしたいのかなど、オーナーと設計を担当したビルススタジオ、入居希望者でワークショップを行い検討した。オーナーと事業者が関わる物件でありながら、居住者が自主的に運営するスタイルは、こうしたワークショップを通して出来上がったものなのかもしれない。

　同市内には、同じくビルススタジオが設計しMET不動産部が仲介するシェアハウスがもう1軒ある。KLから徒歩20分程度にある築60年の戸建住宅を改修した「haus 1952」である（67頁）。そのオープニングパーティを企画したMET不動産部が、KLの居住者を招待したことをきっかけに、イベント時にはお互い声をかけ合うなど居住者同士の交流へとつながっている。

　ひとつのシェアハウスに入居しながら、2つのシェアハウスのネットワークを行き来できることは、見知らぬ土地で地縁を築くきっかけにもなっている。改修前のビルディングタイプが、ビジネスホテルと戸建住宅と異なるため、それぞれ企画されるイベントのテーマや空間の性格の違いも双方の関心を呼び、シェアハウス間の交流の幅が広がる一因になっている。

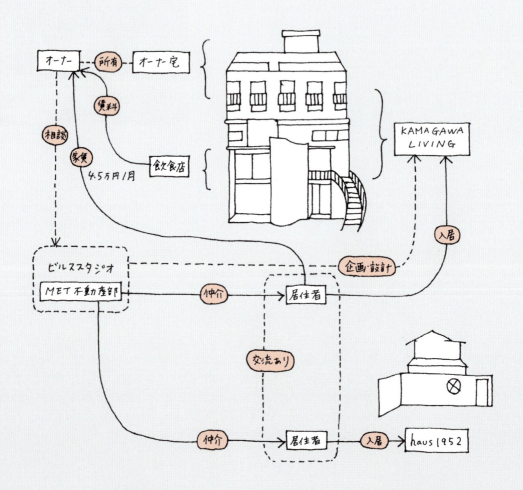

SHARED HOUSE #08

仏間を残して再生

haus 1952

所在地：栃木県宇都宮市　個室数：4室　建物規模：地上2階　敷地面積：220.77㎡
建築面積：104.65㎡　延床面積：149.54㎡　個室面積：10.5〜23.2㎡
共用部分面積：約19.32㎡（リビングスペース）　家賃・共益費：60,000円・17,000円
構造：木造　改修設計：ビルススタジオ

和モダン的な壁棚や壁紙は、シェアハウスに生まれ変わる際に設置されたもの

防火対策として、外側からアルミサッシを設置。室内の木製建具の雰囲気を残して気密性も向上させた

家具は、インテリアデザイナーであるオーナーによるセレクト

煙や煤を出さないバイオエタノール暖炉。マントルピースの装飾が施されていた暖炉周辺は、シンプルなタイル張りに変更

寄木フローリングは、築60年以上経過して風合いが増す

【祖父母から相続した家を利活用】

　家を相続したものの、そのまま活用するには現代の生活スタイルには合わず使いづらい、かといって店舗として改修するには駐車スペースを確保できるほど敷地は広くない、更地にして賃貸アパートとして建て直すにも、住宅余りのこのご時世収益が見込めない……など、ないないづくしの状況からhaus 1952はスタートした。住宅を有効に活用したいが、仏間は残したいという親族ならではの想いも抱えていたオーナーは、ある日シェアハウスとしての活用を思いつき、市内でシェアハウス（KAMAGAWA LIVING）の実績をもつビルススタジオをインターネットで探り当てた。この出会いから、デザインの指向を共有しながら住宅の1部屋を家族のための空間として残しシェアハウスに改修する計画が進んでいった。

　全国の空き家のうち約4割は、持ち主はいるが住み手がいない、住まないけれども愛着があるから手放せない愛着型の空き家*と言われており、今後も増えることは必至である。haus 1952は、シェアハウスを運営することで、そんなミスマッチを解消した好例といえるだろう。

居間の隣に仏間

高い塀を一歩くぐり、石畳のアプローチの先にエントランスがある。塀には仏間の丸窓からの光が漏れる開口とhaus 1952のサイン

代々守ってきた仏間。お盆やお正月には親族が集まる

【オーナーも住み始めたシェアハウス】

オーナーはフリーランスのインテリアデザイナーとして働く60代の女性。改修にあたり格天井や寄木フローリングの四半張りなど木の意匠を残したインテリアや壁紙、家具にオーナーのセンスが感じられる。

当初、オーナーは千葉県に住んでいて、haus 1952は5名の若者が住むシェアハウスとしてスタートした。現在は、この暮らしが気に入ったオーナーも1階の一室に入居している。入居者は、建築関係の仕事に就く20代の居住者、カンボジアからの短期研修生、オフィス利用の個人など、世代も職業も混在したシェアハウスへと展開している。

【コモン空間は隠れ家サロン？】

コモン空間で開催される、科学の専門家のレクチャーをお酒片手に聴講する会、手づくり味噌の会、中国茶と日本茶の茶話会などのイベントには、地元の公務員、アーティスト、外国人など多彩なゲストが訪れる。オーナーが振る舞う料理もなかなかのもので、入居者はオーナーのもてなし術に学ぶことも多いと話す。かつて、家族が囲んだ暖炉のある居間は、時代が移り、オーナーと居住者、ゲストが集まる空間に変わった。

＊小林秀樹「縮小社会における都市・家族・住まいのゆくえ」『住宅総合研究財団論文集』38号、2012年

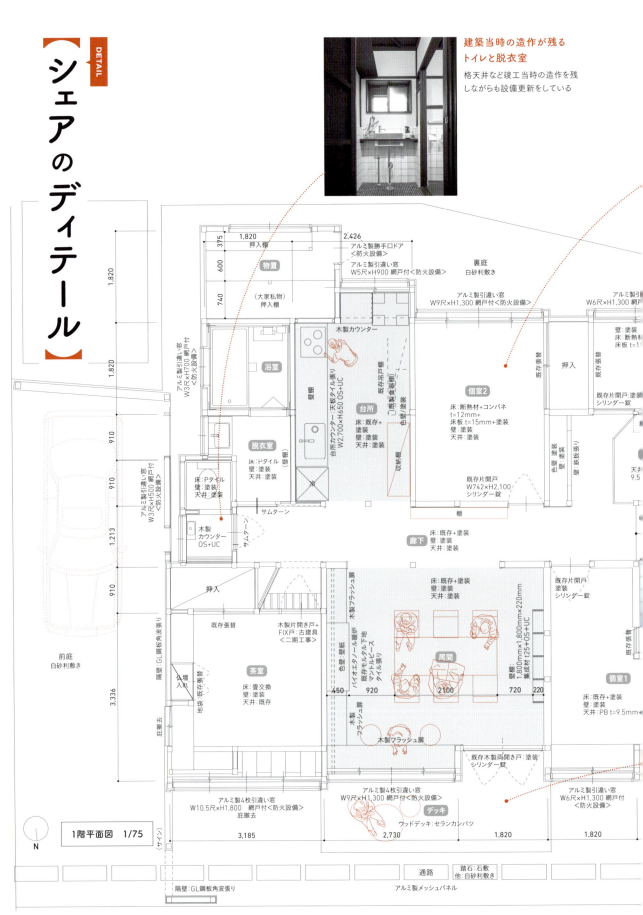

和モダンな個室
木製建具を通して、白砂利敷きの裏庭から光が注ぎ込む。オーナーがセレクトした家具と相まって和モダンの雰囲気を醸し出す

DATA

居住者数(満室の場合)	5名	台所水栓	1本
バスルーム	1室	冷蔵庫	1台
洗面台	1台	レンジ(オーブン)	1台
洗濯機	1台	鍋・フライパンなど	10個
掃除機	1台	炊飯器	1台
コンロ	3台		

おもてなしの玄関
玄関正面は鉄板を張り床の間とした。2階に入居する着物店オーナーの家族が花を活けてくれる

ガラス張りの玄関ドア
時代を感じさせる擦りガラスの入った両開き戸。室内の床の間の暖かい光がぼんやりと外に漏れる

リビングと一体的に使えるウッドデッキ
格子が目隠しとなるため、周辺に気兼ねなく開放的に使える。夏場はみんなでワインを楽しむこともある

シェアハウス図鑑 | 71

> POINT！

【着物店が入居】

和モダンのインテリアが醸し出す文化的な雰囲気を気に入った方から、「オフィスや店舗として借りられないか？」という相談があり、現在は、2階に「きものHAUS」（毎月10日間のみ営業）が入居する。インターネットで店の情報を知った客がやってくると、まずインターフォンを押す。そして中に入るとおもてなしの玄関に迎えられる。

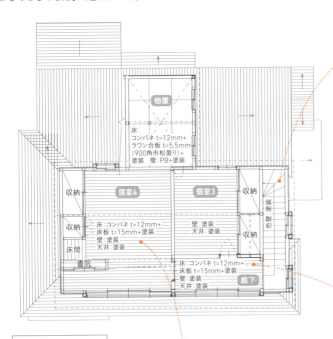

2階平面図　1/150

流木の手摺と土壁の階段室
シェアハウス改修後も、活かせる素材は引き継ぐ

「きものHAUS」
2階東側の部屋（個室4）の廊下部分にソファと机を置いて執務スペースに、居室部分として想定していたところに着物を吊ってストックヤードとして使う

木製建具越しの明るい廊下
来訪者は、玄関の床飾りで迎え入れられ、日が差し込む縁側のような廊下を通って店舗へ

SHARED HOUSE #09

戸建て住宅に外階段

茶山ゴコ

所在地：福岡県福岡市城南区　個室数：5室（居住用個室3、オフィス・アトリエ2）
建物規模：地上2階（シェアハウス：1階部分）　敷地面積：203.43㎡　建築面積：85.48㎡
延床面積：130.16㎡（シェアハウス：85.48㎡）　個室面積：12.02〜19.38㎡　共用部分面積：20.06㎡（LDK）
家賃・共益費：40,000円・13,000円（シェアハウス）／35,000円・4,000円（オフィス・アトリエ）
構造：木造　改修設計：88建築設計事務所　運営管理：スペースRデザイン

2階には2つのアトリエが入居する。休憩時間になると、ベランダに椅子を置き、コーヒー片手に語らうことも

ベランダにはアトリエの看板。まちの新しい顔になっている

縁側のある元の佇まいは個室には開放的過ぎたのか、木のスクリーンが立てられた

郊外住宅地に必須の駐車場。駐車場付きアトリエは、借り手にとって魅力

茶山ゴゴのシンボル的な存在である外階段。中庭（駐車スペース）を中心に、まち、1階住居、2階アトリエをつないでいる

【1軒ではなく5戸で貸す】

「茶山ゴゴ」は、築55年（1961年竣工）の木造戸建て住宅を、瓦屋根や縁側など懐かしい雰囲気を残しながらリノベーションした、3戸の居住スペース（1階）と、2戸のオフィス・アトリエ（2階）を併せ持つ複合型のシェアハウスである。「茶山ゴゴ」という名前には、住居とオフィス「5戸」の個性が集まってひとつの家となるように、という思いが込められている。

プロジェクトは、オーナーが高齢になりひとり住まいが困難になったため空いてしまった戸建て住宅の活用方法について、築古不動産のプロデュースを行うスペースRデザインが相談を受けたことからスタートした。1軒丸ごと賃貸物件にすることも検討したが、市街地から離れた築古物件のため、借り手も少なく賃料収入はあまり見込めない。そこで、1軒ではなく5区画＋共用部と用途を分けて活用することにした。摺りガラスの建具や照明など、時代の積み重ねが感じられるパーツを残しつつ、水回りは一新。ごく普通の戸建て住宅の玄関、台所、縁側のある個室がアットホームな雰囲気を醸し出すシェアハウスである。

【外階段で2階をまちに開く】

九州ではまだ事例の少ないシェアハウスの2階はオフィス・アトリエとした。新たに外階段を設置し、外部から直接アクセスでき、近隣住民も気軽に訪れ、シェアハウスの様子を感じられる計画になっている。現在、2階には多肉植物アレンジメントのアトリエと、カスタムメイドの釣竿工房が入居している。制作に打ち込める落ち着いたオフィス・アトリエを探していた入居者は、三面採光で風通しがよく、幹線道路から1本奥に入った住宅地にあり静かな茶山ゴゴは、理想の仕事場であるという。ここで開催される多肉植物の寄せ植えなどのワー

手前の縁側を多肉植物の栽培スペース、奥の部屋をアトリエとして使用。静かな環境での制作ははかどる

クショップには、外階段を登って、近所の親子連れが訪れる。

　2階のバルコニーに外階段をつけるという非常にシンプルな方法で、シェアハウスをまちに開く。昼間はオフィス・アトリエ空間から、夜間はシェアハウスから人の気配が感じられ、職住分離と核家族を念頭においてつくられてきた郊外住宅地に、新しい顔をつくっている。

DATA

居住者数(満室の場合)	3名	台所水栓	1口
バスルーム	1室	冷蔵庫	1台
洗面台	1台	レンジ(オーブン)	1台
洗濯機	1台	鍋・フライパンなど	5個
コンロ	1台	炊飯器	1台

夏の日差しを防ぐ日よけは、2階に入居するオーダーメイドの釣竿工房のアイデア。バルコニーでは多肉植物を育てている

【シェアのディテール】 DETAIL

2階の顔、多肉植物のリース
階段を上ったバルコニーにはリースや苗木が飾られている

オーダーメイドの釣竿工房
窓際に設置したカウンターが作業スペース。壁側の長テーブルに完成した商品を並べる

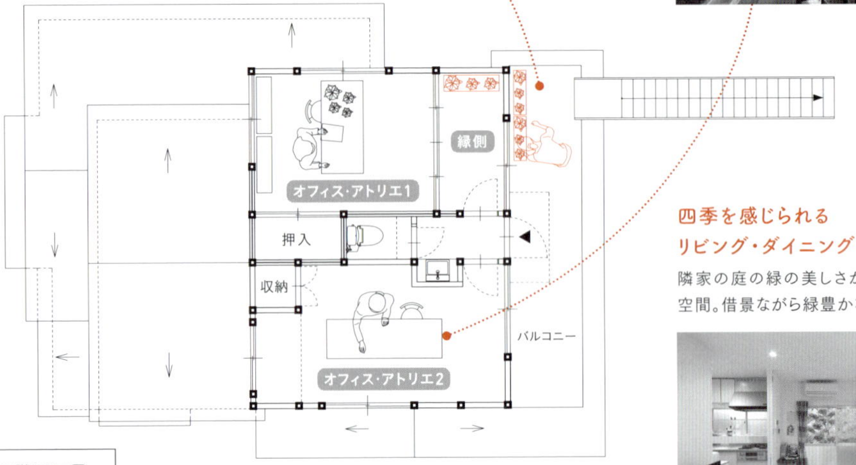

2階平面図

四季を感じられるリビング・ダイニング
隣家の庭の緑の美しさが印象的な共用空間。借景ながら緑豊かな住環境

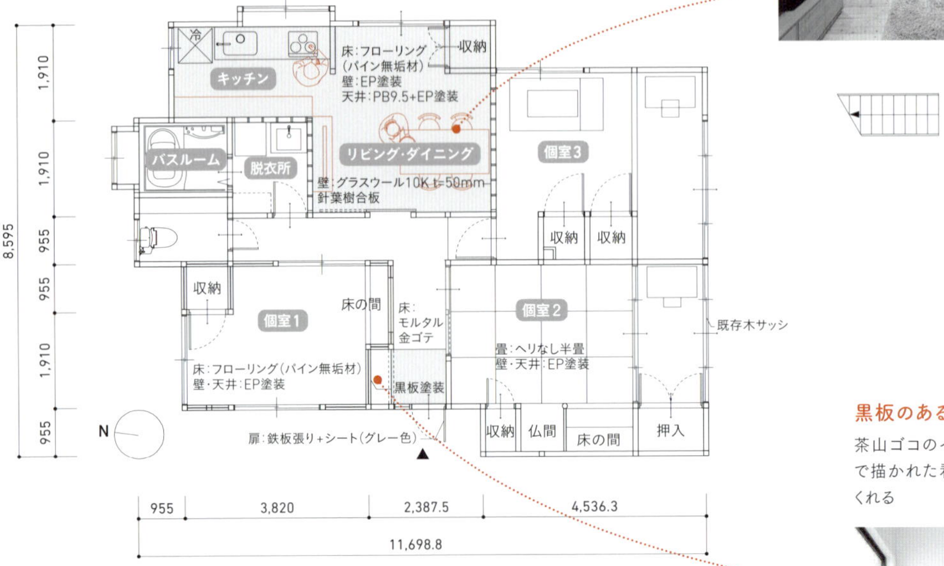

1階平面図　1/150

黒板のある玄関
茶山ゴコのイラストがチョークで描かれた看板が迎え入れてくれる

かつての趣きを残す外観
元の住宅らしさを極力活かしながらシェアハウスに改修

SHARED HOUSE #10

シングルペアレント×シングル

スタイリオウィズ代官山

所在地：東京都渋谷区恵比寿西　個室数：21室　建物規模：地上4階　敷地面積：273.95㎡　建築面積：162.23㎡
延床面積：539.99㎡　個室面積：10.45〜15.97㎡　共用部分面積：約50.4㎡（キッチン25.2㎡・ごろま〈リビング〉25.2㎡）
家賃・共益費：75,000〜98,000円・15,000〜20,000円　構造：鉄筋コンクリート造　改修設計：コプラス

小さい子どもが内部の様子をのぞける廊下側の丸窓。向かいの洗面やトイレにいる子どもの様子や気配を窓越しに感じることができる

みんなの本棚。子供用の絵本などが並ぶ

イベントなど空間の使い方によってレイアウトを変更しやすい座卓

【代官山からリ・スタート】

　スタイリオウィズ代官山は、渋谷区が所有する地上4階建ての防災職員住宅を、シングルペアレントと単身者が暮らすシェアハウスにリノベーションした物件である。1965年に建設された建物で家賃も決して安くはないが、代官山という利便性とまちのブランド力があるせいか、離婚後も生活環境を維持したいというシングルペアレントからの問い合わせが多い。離婚直後、子育てと仕事を両立させながら次の定住先を探すのは心身ともに負担が大きい。このシェアハウスの居住年数が平均1〜1.5年と短い理由は、家電・家具付きのシェアハウスでの生活は、新しい生活への助走期間として捉えられているからかもしれない。また、同じような境遇の家族とともに暮らす環境は、精神的な負担を軽減する役割も担っているのではないだろうか。

【子どもに合わせた生活リズム】

　1階には3つのシステムキッチンが用意され、世帯ごとに収納スペースも決められている。シェアハウスでは、調味料を共有することも多いが、ここではシェアされていない。わが子が口にするものに対するこだわりが異なる子育て中の親たちの共同生活ならではの特徴

窓の下には東急東横線の電車が走るが、ウッドデッキの手摺壁に隠れて見えない

子どもたちが安全に走り回れるように床材はコルク床

台所から玄関の様子が見られる小窓。子どものお出かけ時にも誰かが見守る

3つのシステムキッチンが並ぶ。単身世帯よりシングルペアレント世帯の使用頻度が高い。冷蔵庫内の棚と収納スペースは各家庭ごとに用意されている

シングルペアレント世帯の個室。引き出して使う2段ベッドなど個室を効率的に利用するための工夫が随所に見られる。布団またはベッドを無償で借りることができる

が見られる。

　キッチンと一体となったコモン空間「ゴロマ」は、人数の変化に対応しやすく小さな子どもも遊びやすい床座であり、歳の異なる子どもたちが一緒に遊ぶ様子も見受けられる。各フロアにはミニキッチンがある。自室にいる子どもの様子を見ながら家事をしたい親が利用している。子育て世帯と一口に言っても、這い這いをする乳児から、親の手伝いをできる幼児がいる家庭までさまざまがある。大小のキッチンは、子どもの成長に合わせて使い方を選択できる利点がある。

　このシェアハウスには、単身者も暮らしている。運営管理を行う東急ライフィアは、こうした異なる世帯をつなぐイベントを企画している。ウッドデッキのある屋上で開催される、菜園の植え付けやバーベキュー、ビアガーデンなど、食に関するイベントの参加率は高い。

DATA

居住世帯数 （満室の場合）	21世帯 （シングルペアレント7・単身14）	掃除機	4台
		コンロ	6台
バスルーム	4室	台所水栓	6本
シャワールーム	1室	冷蔵庫	5台
洗面台	8台	レンジ（オーブン）	4台
洗濯機	5台	炊飯器	5台

【シェアのディテール】

DETAIL

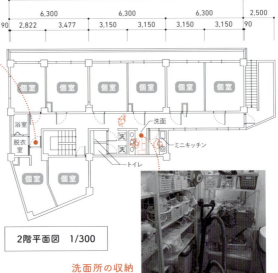

2階平面図 1/300

ギャラリーにもなる各戸の玄関ドア
シングルペアレント世帯の入り口ドアは子どもたちの作品が展示される

洗面所の収納
各世帯がカゴに入れて水回り収納

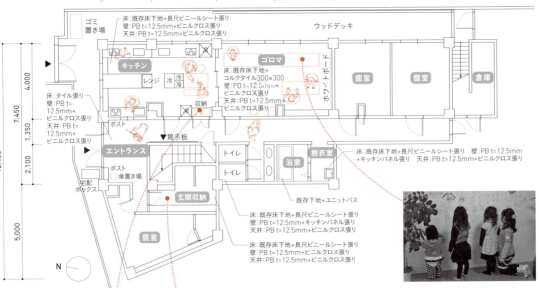

1階平面図 1/200

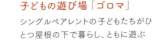

子どもの遊び場「ゴロマ」
シングルペアレントの子どもたちがひとつ屋根の下で暮らし、ともに遊ぶ

世帯ごとに用意されたキッチン収納
収納や冷蔵庫の中は部屋ごとに場所が定められている

エントランス横の玄関収納
全戸の靴箱、ベビーカー、傘などが収納されている

屋上でのイベント
菜園のある屋上では、食に関するイベントなどが行われる

SHARED HOUSE #11

家族でも、他人でも

KYODO HOUSE

所在地：東京都世田谷区　個室数：2室　建物規模：地下1階・地上2階　敷地面積：129.43㎡
建築面積：73.04㎡　延床面積：156.86㎡　個室面積：7.72〜11.41㎡
共用部分面積：51.76㎡（LDK）　家賃・共益費：60,000〜65,000円（共益費込み）
構造：鉄筋コンクリート造＋木造　改修設計：SANDWICH × Low-energy house project

【つくりこみすぎない家づくり】

「KYODO HOUSE」は、広告会社に勤める夫とアパレルのバイヤーをしている妻、ひとり娘の3人家族が、2名のルームメイトと共に住む家である。壁一面が書棚の吹抜けのあるダイニングを中心に、各部屋が緩やかにつながる。

オーナー夫婦は、かつてニューヨークに留学中、大きなスタジオがあるロフトで、5名のルームメイトと共に壁や棚をセルフビルドしながら暮らしており、帰国後も、一軒家を借りて友人とシェアしていた。

こうした経験から、自宅をつくる際は人が集まり住みながら手を加えられるようにしたいという思いが強かった。そこで、林業を扱う友人を通じて廃材を購入し、友人に手伝ってもらいながら、内装は自分たちの手で完成させた。KYODO HOUSEの建設プロセスや空間、そして暮らし方には、最初からある完成形をめざすのではなく、「必要に応じて変化し、手を加えていくもの」というオーナーの考え方が色濃く表れている。

【日常に組み込まれたイベント】

リビングや地下のスペースでは、月に数回、アーティストの展覧会やワークショップ、トークイベントなどの企画が行われる。また、屋上では月1回、ヨガ教室が開催される。SNSを通して告知され、地域内外から多くの人が集まる。日常生活の場であるリビングが突如イベントスペースになったり、陶芸作家の食器がキッチンに並んだり、KYODO HOUSEそのものが、イベントのようである。

家の中心には本棚があり、吹抜けを介してすべての部屋がつながる

板材を斜めに張ったファサードが特徴的

セットバックしたエントランスに設置された黒板にはイベント情報などが案内される

個室の内戸を開くと、吹抜けのリビングが見渡せる

窓を開けると庭と一体的に使えるリビング

【「The Art of Living」というコンセプト】

　将来の子ども部屋に想定している2階の個室には、現在2名のルームメイトが入居している。キッチンもバスルームも一般家庭用のサイズで、家族もルームメイトも同じものを使う。日常の食事などは別々でそれぞれ独立した生活を送っているが、役者をしているルームメイトが週に一度、オーナーの娘が通う絵画教室の送り迎えをしたり、ここで企画されるイベントに参加したりしている。オーナー家族と関わりながら暮らしている様子から、かつての下宿屋のような、大家族の住まいのような雰囲気が感じられる。

　箱を積み重ねるというコンセプトでつくられたKYODO HOUSEは、その箱の隙間が吹抜けのリビングとなり、リビングを介して個室間に距離がつくられている。個室間の距離が、家族でも他人でも、という暮らしにリアリティを与え、吹抜けリビングが、日常にイベントが織り込まれた暮らしをおおらかに包みこんでいる。KYODO HOUSEに込めた「The Art of Living」というオーナーのコンセプトはこの家によって、たしかに補強されている。

【シェアのディテール】

DETAIL

道路側の開口部は小さく
大きな白い壁をスクリーンに仕立て、プロジェクターを使って映画上映会を企画することもある

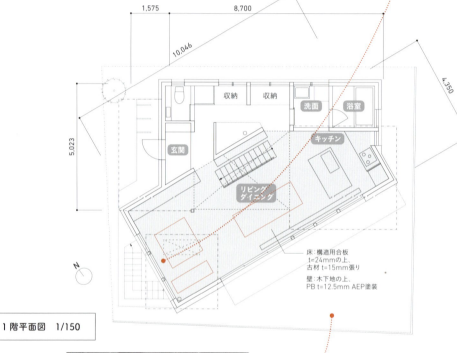

1階平面図　1/150

床：構造用合板 t=24mmの上、古材 t=15mm張り
壁：木下地の上、PB t=12.5mm AEP塗装

都会でパーマカルチャーを実験する庭
三角形に切り取られた庭では、食べられる植物を植えたエディブルガーデンやコンポストなど「アーバン・パーマカルチャー」を実践中

ギャラリーとしても利用可能な地下
外から直接アクセス可能な地下では、陶器の展示会や、白い壁を利用して上映会が開催される。海外から来日した友人が長期滞在することもある

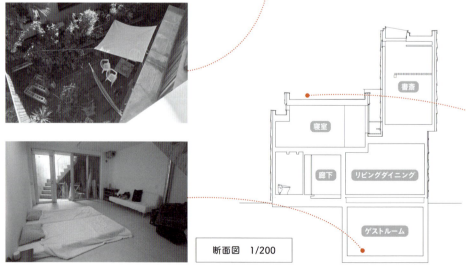

断面図　1/200

収納はカーテンで仕切る
収納スペースは扉ではなく、カーテンで緩く仕切る

DATA

居住者数(満室の場合)	2名	台所水栓	1本
バスルーム	1室	冷蔵庫	1台
洗面台	1台	レンジ(オーブン)	1台
洗濯機	1台	鍋・フライパンなど	10個
アイロン・掃除機	1台・2台	コーヒーメーカー・電気ケトル・トースター	各1台
コンロ	3口	炊飯器	1台

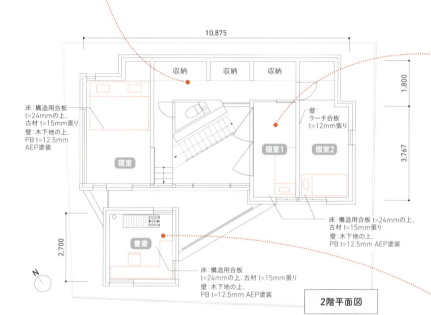

2階平面図

将来の子ども部屋に
ルームメイトが暮らす
2階の個室に設けられた2つの内戸を開くとリビングが見渡せる

屋上で行う不定期イベント
日曜日の早朝にはヨガ教室が開かれることもある。終わったあとは、材料を持ち寄って、パンケーキの会が開催されることも

ロフト付きの書斎
2階のテラスから入る離れの書斎は、広告会社に勤めるオーナーの仕事場。はしごをよじ登った先には、2畳程度の和室のロフトが隠れている

【シェアの断面(セクション)】

宮原真美子

日常生活や非日常のイベントの状況や時間を共有するシェアハウスでの暮らしぶりを、そこに関わる「ヒト」、それが位置する「立地」、空間の構成や境界などの「間取り」、居住人数によって増える「モノ」、状況や時間を共有するための「情報」の観点から解読する。

ヒト
【キーパーソン】
KEY PERSON

本書で紹介したシェアハウスは、関わる人の多さに特徴がある。
貸す人、借りる人、管理する人という従来の領域を超えた、シェアハウスへの積極的な関わりが、
今までにない生活空間のおもしろさを生み出している。

【地元を愛する事業主】
近くに住む事業主が居住者を温かく見守る。彼らが商店街や町内会イベントに参加するきっかけもつくる。

【イベントオーガナイザー】
居住者を対象とした内輪のイベント、誰でも参加できるトークイベントなどを企画する。

【みんなをまとめるリーダー】
細かいことにまで目が行き届き、みんなをまとめる存在。リーダーのキャラは、シェアハウスの雰囲気に影響あり。

鈴木氏
鈴木文化シェアハウス／オーナー
「学生をあたたかく見守っています」

大橋氏
シェアフラット馬場川／地元商店街理事長

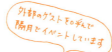

隈氏
SHAREyaraicho／居住者
「外部のゲストを呼んで隔月でイベントしています」

シマワキ氏
SHARED HOUSE 八十八夜／元居住者

内村氏
SHAREyaraicho／居住者・設計者
「そうじ当番は2週交代としています」

【シェアハウス同士の連携を図る管理人】
複数のシェアハウスでの交流を促す、イベント情報を共有したりサポートしたりする仕掛人。

【シェアハウスのサポーター】
シェアハウスの設計に始まり、学生の入居手配、大学と地元商店街の連携体制づくりなどにかかわる。

【一緒に暮らすオーナー】
自宅をシェアハウスに改修したり、使っていない部屋をルームメイトに貸して一緒に暮らす。自宅の活用方法はそれぞれ。

髙橋氏
京だんらん嶋原／コミュニティマネージャー
「家の雰囲気や立地に合う場所づくりをしています」

渡邉氏
SHARED HOUSE 八十八夜／管理人

石田氏
シェアフラット馬場川／地元大学教授（当時）・設計者

近藤氏
KYODO HOUSE／オーナー
「自分のライフスタイルに合ったシェアハウスを運営しています」

佐藤氏
haus 1952／オーナー

立 地
【地域と連携】
COMMUNITY INVOLVEMENT

コモン空間は、リビングルームのように居住者の生活の場所であるとともに、
近隣の住人など他者を招き入れることのできる空間でもある。
シェアハウスの立地が、郊外なのか、地方なのか、都心なのかにより、その活用のされ方は異なる。
ここでは、多様なコモン空間の使われ方から、シェアハウスが担う地域との関係性や期待を読み解く。

【混在の仕掛け】

シェアハウスは、ベッドタウンの風景や閉じた都心の住宅地の雰囲気を変えることがある。本書で紹介したように、コモン空間で行われるイベントに人が訪れたり、個室を店舗やアトリエとして使う人がいたり、何かしら混在の仕掛けがある。かつて、住宅は、寄り合い、仕事、冠婚葬祭などが行われ多機能であった。シェアハウスでは、現代の住宅に失われつつあるこうした混在の仕掛けによって新たな多様性を獲得しようとしている。

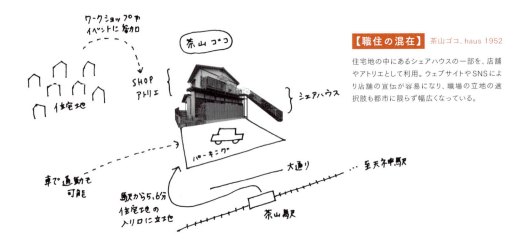

【職住の混在】 茶山ゴコ、haus 1952

住宅地の中にあるシェアハウスの一部を、店舗やアトリエとして利用。ウェブサイトやSNSにより店舗の宣伝が容易になり、職場の立地の選択肢も都市に限らず幅広くなっている。

【趣味やイベントとの混在】
不動前ハウス、SHAREyaraicho、KYODO HOUSE

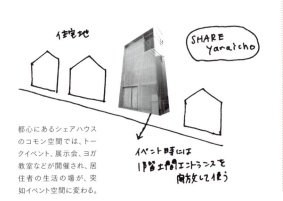

都心にあるシェアハウスのコモン空間では、トークイベント、展示会、ヨガ教室などが開催され、居住者の生活の場が、突如イベント空間に変わる。

【ジェネレーションの混在】
スタイリオウィズ代官山、haus 1952

親子、若者、高齢者などさまざまな年代がひとつ屋根の下に暮らし、挨拶を交わす。昔は当たり前だった多世代での生活は、昨今なかなか見られない風景である。

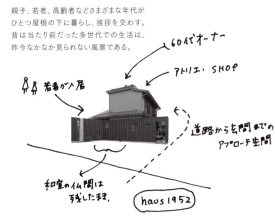

【地元エンパワメント】

かつて若い家族で活気があった商店街も、山を切り開いて開発されたニュータウンも、開発から30〜40年が経ち、高齢化が進む。一住戸の間取りも大きく現代のニーズには合っていないなど、新規居住者を迎えようにも、賃貸用に適しておらず課題は多い。そのようななか、学生を対象としたシェアハウスは、商店街や郊外住宅地の若返りに一役買っている。

【商店街の再起をかけて】 シェアフラット馬場川

郊外に大型ショッピングモールができ、空洞化が進む商店街。世代交代し持ち主がわからなかった廃ビルを再生し、地元大学の学生が住むシェアハウスとすることで、商店街を活気づける役割が期待されている。

【郊外住宅地の若返り】 鈴木文化シェアハウス

高齢化が進む住宅地にあるシェアハウス。町内会活動や地域のお祭りの際には、近くに住むオーナーの声かけで、シェアハウスに住む学生も一緒に参加している。

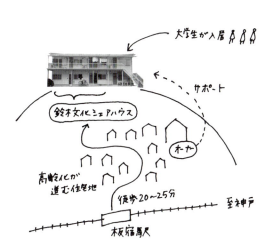

【新規移住者・転入者の窓口機能】

知らない土地で家を探すのは一苦労である。特に地方では、単身者用の賃貸住宅の数は圧倒的に不足しているし、たとえ見つかったとしても車が必要な郊外であるなど、移住のハードルは高い。インターネットでも見つけやすく、月単位で契約できるシェアハウスは、こうした新規移住者の窓口の役割も担う。

【移住の手がかりとして】 SHARED HOUSE 八十八夜

移住には段階があるのかもしれない。地方のシェアハウスは、移住の前段階として地域を理解するためのお試し居住や、定住先を見つけるまでの一時的な住まいとしての役割も果たしている。

【地方都市への転勤】 KAMAGAWA LIVING

地方都市のシェアハウスには、転勤で引越してきた人や、まちなかに住みたい地元の人が住む。地元の情報を入手したり友人の輪を広げたりするきっかけになっている。

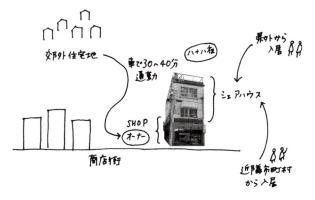
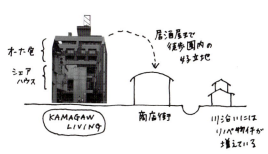

間取り
【空間の境界】
SPATIAL BOUNDARY

イベントや日常生活を共有するシェアハウスでの暮らしには、個室とコモン空間の境界デザインが重要であり、その設定によってコモン空間の性格が大きく変わる。ここでは、空間の区切り方・つなぎ方を、間取りの構成、靴の脱ぎ履きライン、段差の調整の3点から考える。

【間取りで調整する】

間取りによる区切りと共有の境界デザインは、個室（R）、コモン空間（C）、エントランス（E）の関係性より、以下の3パターンに分類できる。

【コモン空間を通って個室へ】
KAMAGAWA LIVING、鈴木文化シェアハウス、KYODO HOUSE

玄関から個室への動線上にコモン空間がある。そのため、そこを利用する居住者とのコミュニケーションが容易である。L字形のコモン空間のように、その形状によって、居住者間の距離の調整も可能である。

【直接個室へアクセス】
シェアフラット馬場川、haus 1952、茶山ゴコ、スタイリオウィズ代官山

コモン空間を通らずに個室にアクセスできる。コモン空間は、台所を使うとき、TVを見るとき、冷蔵庫に飲み物を取りに行くとき、気分転換をしたいときなど、何か目的があるときに使われやすい。

【混在タイプ】
SHAREyaraicho、不動前ハウス、京だんらん嶋原

コモン空間が個室への動線上にあるものと、個室へ直接アクセスできるものが混在するタイプ。外部と連続性がある土間のような空間と、アットホームな雰囲気をもつ空間など、異なる性質のコモン空間をもつ。

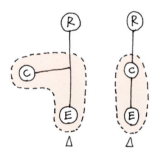 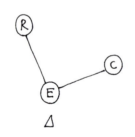 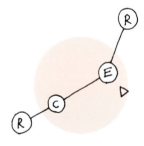

【階段でつなぐ・段差で仕切る】

コモン空間は、近隣との接点でもある。特にシェアハウス内に店舗やギャラリースペース、アトリエをもつ事例では、外階段でまちと2階のアトリエをつないだり、庭をアプローチ空間に見立てたり、つながり方に工夫がある。また、まちと連続的な空間構成をもつ町家を改修した事例では、あえて通り庭の段差をなくして室内化し、台所の手前で、内外を区切っている。

【外階段でつなぐ】
茶山ゴコ、KYODO HOUSE

2階や地下のアトリエやギャラリースペースとまちを外階段で直接つなぐことで、シェアハウスの活用の幅が広がる。

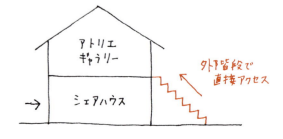

【靴の脱ぎ履きライン】

日本の住宅では、玄関で外靴を脱ぎ、室内は素足で過ごすことが一般的である。一方、シェアハウスでは、外靴を脱ぐ玄関、室内靴を履いて過ごすコモン空間、素足で過ごす個室など、複数の靴の脱ぎ履きラインがある。そのラインの位置や仕上げ素材は、コモン空間の使われ方や雰囲気に大きな影響を与える。

【内外を分ける玄関】
京だんらん嶋原、haus1952、茶山ゴコ、SHAREyaraicho、、鈴木文化シェアハウス

小規模のシェアハウスでは、玄関で外靴を脱ぎ、室内は素足で過ごす。玄関で靴を脱ぐので、一般家庭のようなアットホームな雰囲気がある。

【コモン空間は上下足混在】
不動前ハウス、KAMAGAWA LIVING、シェアフラット馬場川

コモン空間では、外靴と室内靴利用が混在しており、靴の脱ぎ履きは面で行われる。下足のまま使えるコモン空間はパブリックに開いているような雰囲気がある。

【素足で過ごすコモン空間】
スタイリオウィズ代官山

玄関で外靴から室内靴へ履き替え、個室とコモン空間は裸足で過ごすという、2段階の靴の履き替えラインが存在する。

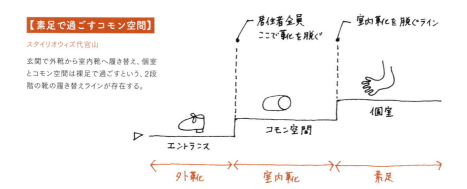

【庭・室内階段を通って店舗へ】
haus 1952

シェアハウス内の一室を店舗利用している事例では、庭と室内階段を店舗へのアプローチ空間と見立てている。

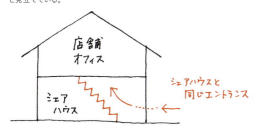

【段差で公私を仕切りなおす】
京だんらん嶋原

通り庭であった台所の段差をなくして室内化することで、内外の仕切りの位置を変更して私領域を広げる。

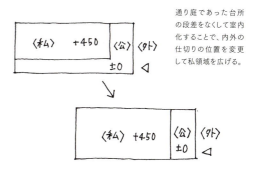

【物の見せ方・しまい方】
モノ

DISPLAY & STORE

シェアハウスは、キッチンやバスルームなど水回り空間を共有できる
合理的な暮らしである。しかし、物は居住人数に応じて増える。
例えばバスルームには、居住者人数分のシャンプー、リンス、ボディソープが置かれる。
キッチンでは調理器具は共有されるが、調味料や食料は個別に購入・管理される。
居住人数に比例して増える物をどう収納するのかに、
シェアハウスごとの工夫が見られる。

【見せる／隠す】

【見せて収納】

食器やグラス、調理器具、コーヒーメーカーなどの家電は、どこに何があるのか見渡すとわかるよう収納される。アイテムによって、〈重ねて〉〈並べて〉〈吊り下げて〉など収納方法に工夫が見られる。

食器・鍋類は壁一面にまとめて収納
SHAREyaraicho

調理器具は吊り下げて収納
SHAREyaraicho

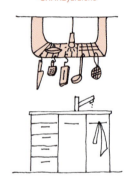

見せ方バリエーション：食器（重ねて収納）／グラス、コーヒーメーカーなどの電化製品（並べて収納）／調理器具（吊り下げて収納）／
靴（下駄箱の段ごとに分けて並べる）／調味料・食材（個別棚に並べあえて見せる）／コモン空間の本（ジャンルごとに分け本棚に）

【隠して収納】

調味料や乾物など細々としたものは隠して収納されることが多い。使用頻度の低い調理器具などは、キャスターが付いたボックスにまとめて収納される事例もある。

個別にファイルボックスを活用
KAMAGAWA LIVING

キャスター付きボックスにまとめて
SHAREyaraicho

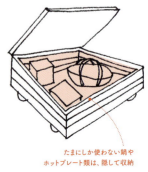

たまにしか使わない鍋や
ホットプレート類は、隠して収納

【個別／まとめて】

【個別に収納】

食材や飲み物は名前を明記した透明保存袋や段ごとに、石けんやシャンプーはプラスチックのボックスに、個別に収納される。シングルペアレントが暮らすシェアハウスでは、タオル掛けを色分けし、家庭ごとに用意している。

冷蔵庫は1人1台・冷凍庫は2人で1台
京だんらん嶋原

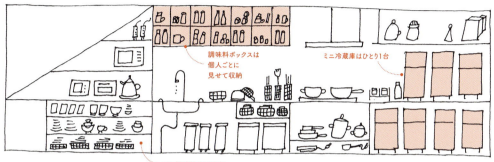

- 調味料ボックスは個人ごとに見せて収納
- ミニ冷蔵庫はひとり1台
- 皿・調理器具は共有

家庭ごとのタオル掛け・洗面グッズかご
スタイリオウィズ代官山

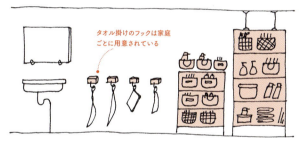

- タオル掛けのフックは家庭ごとに用意されている

大きい冷蔵庫を仕切る
スタイリオウィズ代官山

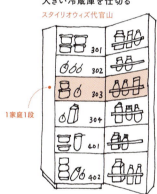

- 1家庭1段

【みんなでまとめて収納】

トイレットペーパーやゴミ袋など共通の消耗品は、まとめて収納される。また、台所のふきんや浴室のバスマットは共用、洗濯当番がまとめて洗濯し収納する。余りものやいただきものは、「ご自由にどうぞゾーン」に置かれる。

歯ブラシは水切り台にまとめて
SHAREyaraicho

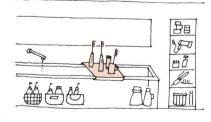

ご自由にどうぞゾーン
京だんらん嶋原

- 余ってしまった食材やお酒、お土産などは、ご自由にどうぞゾーンへ
- 洗濯用の共用洗剤を収納

タオル・バスマットは隙間に収納
SHAREyaraicho

情 報
【 伝 達 の ル ー ル 】
COMMUNICATION RULE

グループLINEやFacebookのグループメッセージなどのSNSを、
居住者間のコミュニケーションツールとして活用する。
その一方、イベント情報、当番表、洗濯機や浴室の利用サイン、外出サインなどは
ノートや黒板といったアナログな伝達方法が工夫されている。

【SNS】

居住者のみのもの、オーナー、運営会社、元居住者も含めたものまで複数のグループを使い分ける。来客予定やイベントの情報、日々の生活の中で気づいた注意点などが共有される。

【黒板】

居住者、来訪者も含めて不特定多数の人に呼びかけやすく、ふとしたときに目に入る場所に設置される。イベント情報や居住者の誕生日などが書き込まれる。

エントランスで不特定多数に
KAMAGAWA LIVING

玄関脇で近隣へ
KYODO HOUSE

【カレンダー】

居住者間、居住者と管理会社との連絡ツールとして使われる。来客予定の周知、清掃の予定や消耗品の補充状況など、事務的な事項が書き込まれる。

エレベータを降りて玄関までの動線上にあるので目につきやすい

玄関外にあるので、通りを歩いている近隣の住人の目にもとまる

【マグネット塗装の壁面】

マグネット塗装の壁の上にある居住者の名前入りマグネットを外出・帰宅時に在／不在の位置に移動させる。在／不在は最も重要な共有すべき情報

外出時に、マグネットを移動
SHAREyaraicho

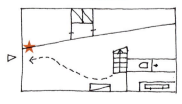

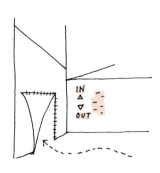

【ホワイトボード】消耗品の補充、長期外出の予定、来客予定など、日常の情報共有に使われる。ふと、気づいたときにメモ的に書いておけるのも良い。

コモン空間の壁一面に
スタイリオウィズ代官山

コモン空間の真ん中に
鈴木文化シェアハウス

コモン空間のTVの脇に
シェアフラット馬場川

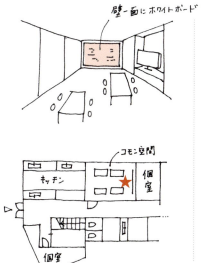
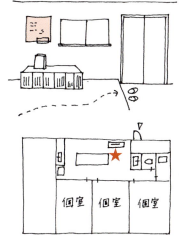
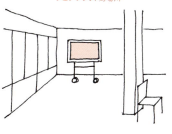
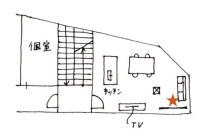

【サイン】シェアハウスで困ることのひとつに、洗濯機に放置される洗濯物がある。少なくとも誰のものかわかるとストレスは軽減されるので、ホワイトボードに使用者の部屋名を記入する。

【ギャラリー】ドアには、子どもの絵を飾ったり、自分のおすすめのCDを展示したりと、居住者の個性が表れる。

洗濯機の前でこっそり伝達
KAMAGAWA LIVING

おすすめCD展示
KAMAGAWA LIVING

浴室のドアでこっそり伝達
KAMAGAWA LIVING

子どもの絵のギャラリー
スタイリオウィズ代官山

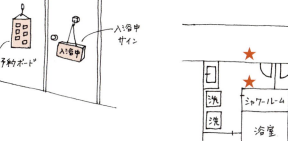

SHAREyaraicho　あえて隠さず、壁面の棚に見せて収納された食器や調理器具。どこに何があるのかわかりやすい　▶P.92

シェアフラット馬場川　外靴、室内靴が混在する廊下。靴を脱ぐ個室のドア周辺がプライベートとパブリックの境界線となっている　▶P.91

KAMAGAWA LIVING　カレンダーが描かれたエントランスの黒板。イベント情報や居住者の誕生日などを共有する　▶P.94

SHAREyaraicho
居住者の名前入りマグネットを使って「在／不在」を知らせるマグネット塗装の壁　▶P.94

京だんらん嶋原　お茶屋のなごりを残す玄関。土間から奥に通じる通り庭を室内化して、私領域を広げている　▶P.91

海外シェアハウスレポート

OVERSEAS REPORT

世界中の大都市で、歴史的な建物が、近代の名建築が、ごく普通の家族用アパートメントが、シェアハウスという想定外の暮らしによって活かされている。建築が暮らしを、暮らしが建築を双方向に刺激し合っているように見える。

＊コンドミニアムなど集合住宅の事例で示す個室数は、1住戸内の個室数のこと。戸建て住宅など1棟がシェアハウスとして使われている事例では、建物全体での個室数を示す。
＊現地の慣習に倣い、浴室とトイレが一体となっている空間を「バスルーム」と示す。

スイス
SWITZERLAND
【築100年のファミリーアパートメントをシェア】▶▶P.103

米 国
USA
【ADUを利用して異世代でシェア】▶▶P.100
【分割してエコノミーに住む】▶▶P.101
【ブラウンストーンに暮らす】▶▶P.102

韓 国
SOUTH KOREA
【50%パブリック／50%プライベート】▶▶P.104
【伝統的シェアハウスの極限個室】▶▶P.105

シンガポール
SINGAPORE
【オーナー家族と邸宅に住む】▶▶P.110
【外国人→シングル→コンドミニアムのシェア】▶▶P.112

台 湾
TAIWAN
【折り重なる立体的居場所】▶▶P.106

タイ
THAILAND
【リビングをカーテンで個室に】▶▶P.108
【住み継がれる家】▶▶P.109

ブラジル
BRAZIL
【オスカー・ニーマイヤー設計のコパンに暮らす】▶▶P.99

SÃO PAULO

ブラジル

【オスカー・ニーマイヤー設計のコパンに暮らす】

　ブラジルの集合住宅には2つの特徴がある。1つ目は、治安が悪いためエントランスには、24時間駐在する守衛がいること。2つ目は、清掃を担うメイドのために4畳半程度の部屋が標準の住戸プランに含まれていることである。

　筆者は、1951年にオスカー・ニーマイヤーが設計し、約5,000世帯が住む集合住宅「コパン」でのルームシェアの経験がある。コパンには、さまざまな住戸プランがあるが、この部屋は単身者を想定して設計された1DKの間取りであり、造り付けの壁面収納によって緩やかに2つのスペースに分割されている。前居住者は、エントランス・キッチン側のスペースを事務所として、奥のスペースを居住空間として使用していた。前居住者の転勤に伴い、設計事務所勤務の知人が借り、ルームメイトを探していた。筆者とのルームシェア開始当初は、エントランス・キッチン側を共用のリビングスペース、奥の洗面などの水回り側を共用の寝室としてベッドを並べて生活していた。しかし、実際に生活を始めてみると、個々の生活リズムやプライバシーが守れなかったため、手前と奥をそれぞれのプライベート空間に分けて使うことにした。完全な個室ではないため、特に夜の時間帯はお互いを気遣い、消灯時間を決めるなどルールを調整しながら生活した。間口も広く、ルームシェアも許容する大らかな住空間であることが、完成から66年経った現在も、この巨大集合住宅が住み継がれている理由なのかもしれない。

（大庭早子）

キッチンやバスルームを使用するときは、お互いのスペースを横断する。友人を招くときは事前に伝えることがシェアメイト（ブラジル人20代の女性建築家）とのルール

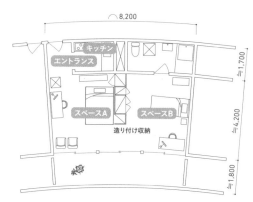

平面図　1/200

入居者Bスペースの壁は黒板塗料が塗られている。前居住者が残していった家具をそのまま使用

入居者Aスペース。開口部の先は、この建物の特徴でもあるブリーズソレイユ。植物や小物を飾る

● **所在地**：サンパウロ／ブラジル　● **建物規模**：地上33階　● **個室数**：2室　● **個室面積**：約48.38㎡　● **家賃**：700レアル（光熱費込）　● **契約形態**：賃貸借人からのまた貸し　● **部屋の探し方**：ウェブサイトで探すことが一般的だが、ここは知り合いを通じて紹介された　● **サービス**：2名以上の守衛が24時間常駐　● **水回り**：キッチン、トイレ、バスルーム（共用）。　● **その他**：23時消灯。掃除は当番制（週1回）

CALIFORNIA

【ADU を利用して異世代でシェア】

米国

　子どもが独立したあと、空き部屋を持て余している高齢者と、家賃高騰により手頃な家賃の住宅を確保できない若者、双方のニーズをマッチングしようというのが、ここで紹介する異世代でのシェア、ホームシェア・プログラムである。1970年代後半に登場し、現在はNPOや行政、大学の生協などが高齢者と若者のマッチングを行っている。

　米国では、子どもの成長や、親との同居といった理由から必要となる個室を確保するために、ミニキッチンとバスルームを備えた「Accessory Dwelling Unit（ADU）」や「Second Unit」と呼ばれる部屋を増改築している住宅も多い。こうした間取りは、お互いのプライバシーを守りながらシェアしやすいというメリットがある。

　ここで紹介するのは、80代の女性オーナーが、かつて子ども部屋として増築したガレージ2階のADUに入居する40代の社会人女性と、オーナーが暮らす母屋1階に入居する大学生とのホームシェアである。ADUに暮らす女性とは、生活空間こそ共有していないが、ガレージにある洗濯機を使う時や外出するときに、挨拶や立ち話をするなど身近なご近所さんのような人間関係を築いている。

　オーナーと大学生のルームメイトは、キッチン、リビング、バスルームを共用している。夫を亡くした数年前から、オーナーはひとり暮らしに不安を感じていた。現在は、2人のルームメイトとの生活に、自分を気にかけてくれる人が身近にいるという安心感を感じている。

（宮原真美子）

1階の母屋では、オーナーと大学生のルームメイトが暮らす

1階共用キッチン

2階（ADU）

1階平面図　1/200

● 所在地：カリフォルニア州／米国　● 建物規模：地上2階　● 個室数：3室　● 居住者数：オーナー含め3名　● 個室面積：38.8㎡（ADU）、14.1㎡（1階）　● 家賃：600～750米国ドル（ユーティリティ使用料込み）　● 契約形態：月極　● 部屋の探し方：仲介をするNPOや行政、大学からの紹介　● コモン空間：リビング（オーナーと1階に住むルームメイトの共用）　● 水回り：キッチン、バスルーム（2階個室内）。キッチン、バスルーム（1階に住むオーナーとルームメイトの共用）、ユーティリティ（洗濯機）

CALIFORNIA
【分割してエコノミーに住む】

　日本のワンルームマンションのように、単身者のための狭小で安価な住宅形式が存在しない米国では、若い単身者の住居の選択肢は限られている。高い賃料を払ってひとり暮らしをするか、比較的安い賃料でルームシェアをするかである。ルームシェア文化がある程度定着している米国でも、事業者が運営するシェアハウスはほとんど存在せず、賃貸契約を結んだ代表賃借人が、ルームメイトを募集したりする。募集には、「Craigslist」などのウェブサイトを活用する。

　ここで紹介する事例は、サンフランシスコ郊外サンマテオ市にある集合住宅の1住戸、2LDKでのルームシェアである。居住者は、サーフィンや旅行などの趣味を楽しみ、居住費を極力抑えたいと考えている20代後半の男女3人（教師、郵便局勤務、会社員）である。自分たちの手で、塩ビの波板を使ってリビングを区切り、1部屋増やした。バスルームとキッチンをシェアしているが、それぞれ生活リズムが異なるので、共用空間の使い方でトラブルになることはない。個室3は簡易に間仕切られただけの部屋なので、共用空間を使う時間についてはお互いに配慮しながら生活をしている。

　社会人になりたての若者や学生によるルームシェアの事例を訪れると、1部屋を2人でシェアしたり、リビングの一角を区切って部屋数を増やしたりするなど、空間を分割しながら、居住費を抑える工夫があり、興味深い。

（宮原真美子）

平面図　1/200

3階建て集合住宅の2階にある2LDK。米国の集合住宅の多くは、ベッドと机が備え付けであるため、身軽に引っ越しして生活をスタートできる

リビング隣の共用キッチン

2LDKの間取りに3人で暮らすため、リビングを塩ビの波板で区切り、個室を増やした

● **所在地**：カリフォルニア州／米国　● **建物規模**：地上3階　● **個室数**：2室＋リビングの一角を仕切った1室　● **個室面積**：12〜20㎡　● **家賃・共益費**：450〜600米国ドル　● **契約形態**：ルームメイトのひとりが賃借人となり、ほかのルームメイトにまた貸し　● **部屋の探し方**：ウェブサイトで探す　● **コモン空間**：リビング　● **水回り**：バスルーム、キッチン（共用）

シェアハウス図鑑　|　101

NEW YORK
【ブラウンストーンに暮らす】

　ニューヨークのブルックリンといえば、工場をリノベーションしたカフェやショップなどが立ち並び、ヒップな文化を牽引するイメージがあるが、中心から少し離れれば、閑静な住宅街が広がっている。マンハッタンの設計事務所に勤務する筆者の友人のアレックス・ニゾは、ブルックリンのクリントン・ヒルというエリアで、「ブラウンストーン」という昔ながらのタウンハウスを、シェアして暮らしている。クリントン・ヒルはプラット・インスティテュートが近くにあり、緑も豊かな生活しやすいエリアである。

　1、2階にはオーナーの家族（2家族、子ども3人）が住んでおり、3、4階の3つのプライベートルームとバスルーム、キッチン、リビングルームを4人でシェアしている。彼は、2年前にニューヨークに来る前は、日本で働いており、そのときはボーイフレンドと2人で東京の新代田に住んでいた。ニューヨークでは、家賃も高く、シェアでない生活をするのはハードルが高い。また、シェアハウスといっても、シェアをすることを前提とした建物ではいないので、不便も多い。実際、アレックスの部屋も共用のトイレが、隣人の部屋と扉ひとつでつながってしまっている。しかし、彼は、歴史あるブラウンストーンが独特の趣をつくり出すここでの生活をとても楽しんでいる。ルームメイトたちがシェアする生活にリテラシーが高いことも、「楽しい暮らし」の前提としてあるようだ。人種のるつぼ、ニューヨークを生き抜くにあたって、生活の端々に表れる、共生するマインドはとても重要な生活ツールである。

（隈 太一）

天井に勾配がついたゆったりと落ち着いた個室

トイレ、バス、洗面、ランドリーが一室にあるが、窓があって開放的

平面図　1/200

ブラウンストーンが立ち並ぶ落ち着いた住宅街。近年は若者に人気のエリア

● 所在地：ニューヨーク州／米国　● 建物規模：地上4階　● 個室数：2室　● 個室面積：約26㎡　● 家賃：4,900米国ドルを4名で支払う（代表者が1,650ドル負担）　● 契約形態：シェアメイトのひとりが賃借人となり、ほかのシェアメイトにまた貸し　● 部屋の探し方：ウェブサイトで探す　● コモン空間：リビング　● 水回り：キッチン（共用）、バスルーム、ランドリー

BASEL

スイス

【築100年のファミリーアパートメントをシェア】

　バーゼルに暮らす20代の多くは、生活費節約のためにルームシェアをしている。部屋を借りた人が代表者として、ルームメイトを募集するのが一般的である。ここで紹介するのは、1920年代に4、5家族のための住宅として建てられた建物の5階に住む20代4人によるルームシェアである。かつて親族が暮らしていた建物は、現在、フロアごとに分けられ、4人家族が暮らすフロア、オフィスとして利用されるフロア、残りの3フロアは、2〜4名のルームシェアとして使われている。

　この建物は、ヨーロッパでは典型的な中庭型の配置をした集合住宅である。集合住宅の共同エントランスを入るとバックヤードに通じており、敷地内に駐輪場がある。地階には、共用のランドリーと倉庫があり、スノーボード用品などシーズン物が保管されている。

　築100年の建物のためエレベーターはない。最上階の5階まで上るとちょっとした運動になる。5階の住戸には6室あり、4室を個人のプライベートな寝室とし、2部屋をダイニングとリビングルームとして共用している。

　まちなかに位置するが、キッチン脇の小さなダイニングスペースの窓から見える緑豊かな景色に癒やされている。バーゼルは東京に比べて小さなまちなので、自転車があればどこにでも行ける。時間があるときは、ルームメイトと一緒に食事をしたり、映画を見に行ったり、散歩をしたりと、穏やかな交流をしている。

（サラ・ヒューメル）

築100年となる5階建て集合住宅。筆者はルームメイト3人とともに、この建物の1フロアを借りて暮らしている

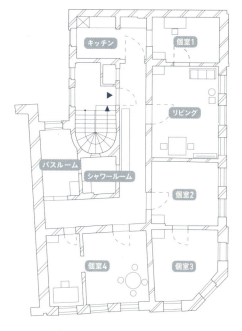

平面図　1/200

● **所在地**：バーゼル／スイス　● **建物規模**：地上5階　● **個室数**：4室　● **個室面積**：12〜25㎡　● **家賃・共益費**：450スイスフラン・50スイスフラン（保険、インターネット使用料込み）　● **契約形態**：ルームメイトのひとりが賃借人となり、ほかのルームメイトにまた貸し　● **部屋の探し方**：ウェブサイトで探すことが一般的　● **サービス**：朝食の提供、共用部の掃除、洗濯（毎日）　● **コモン空間**：リビング　● **水回り**：キッチン、バスルーム、シャワールーム

ルームメイトはみな20代で、学生（修士、博士課程）、若手建築家など4名。ウェブサイトでルームメイトを募集し、90名からの問い合わせがあったこともある

SEOUL
【50% パブリック／50% プライベート】

> 韓国

　ソウル市中心部に位置する西村（ソチョン）は、李朝時代、医者や絵師などの専門職に就く人びとが暮らしたエリアである。景福宮周辺の落ち着いた雰囲気が漂うまちなみの中に、デザイナーが手がけた店舗や、ギャラリー、カフェが多く立ち並ぶ。また、伝統的家屋である韓屋が多く残っており、2010年には、韓屋保存地域に指定された。

　なかでも、この道義洞家シェアハウスのある地域は、韓屋推奨区域に指定されており、韓屋以外の建物を建設する場合、単独・共同住宅、近隣生活施設、文化・集会施設に限定される。そこで、ここで紹介するシェアハウスは、1階にシェアライブラリーや大きなテーブルなど地域に開放するスペースを併せもち、「50%パブリック／50%プライベート」というコンセプトのもと運営されている。

　サンクンガーデンから光が入る地階は共用のキッチン・ダイニング、2、3階には合わせて7つの個室があり、最上階はオーナー宅となっている。道路に面した1階には、シェアハウスを運営し、建築家のサポートなどを行うチョンニム建築文化財団のオフィスとラウンジがある。このラウンジは、朝と夜はシェアハウスの居住者のコモン空間として、日中はまちの図書室、ギャラリー、イベント・ワークショップスペースとして利用されている。

　この財団は、ライブラリーの運営、建築関係のイベント企画のほか、居住者に届く宅配物を預かるなど、シェアハウスのコンシェルジュ的な役割も担っており、50%パブリック、50%プライベートをつなぐ存在でもある。

（須賀佳那子・辻村夏菜）

1階平面図　1/200

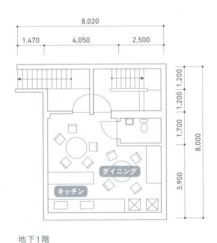

地下1階

● **所在地**：ソウル市／韓国　● **建物規模**：地下1階、地上3階　● **居住者数**：7名　● **個室数**：7室（女性のみ）　● **個室面積**：9〜12.2㎡　● **家賃・共益費**：57万〜67万ウォン・8万ウォン　● **契約形態**：マンスリー契約（オーナーとの直接契約）　● **部屋の探し方**：ウェブサイトで探すことが一般的　● **サービス**：共用部の掃除（2回／週）　● **コモン空間**：1階ラウンジ（地域開放スペースを兼ねている）　● **水回り**：バスルーム、ランドリー、トイレ（共用）

週に1回程度フォーラムを開き、地域交流に役立てている。イベントのない夜には、居住者の交流の場所にもなっている

SEOUL
【伝統的シェアハウスの極限個室】

韓国

　このシェアハウスは、もともと、学生が国家試験の勉強するための部屋として使われていた考試院を改修したもので、延世大学などもある学生街にある。17室を有し、それぞれ3畳ほどの狭い空間に机とベッド、トイレとシャワーという最低限の設備が備え付けられている。1980年頃までは、国家試験を受ける人が暮らす高級な施設であったが、現在は、外国からの留学生や、スタジオタイプのアパートメントに住めない単身者の居住の選択肢のひとつになっている。

　というのも、韓国の一般的な賃貸住宅では、チョンセ契約（伝貰／専貰）もしくは、ウォルセ契約（月貰）と呼ばれるシステムがあるため、賃貸契約時に保証金を支払えるほどの貯蓄がないと入居できない。経済的余裕のない単身者にとって、賃貸契約が簡便な考試院に住むことのメリットは大きい。

　この建物は、1、2階が飲食店、3、4階と屋上階が考試院（シェアハウス）となっている。共用空間にはランドリー、共用廊下には洗濯物を干すスペース、屋上階には共用のキッチンがあるなど、生活に必要な最低限の設備は整っている。

　キッチンには、アジュンマと呼ばれる通いの寮母がいる。定年退職後、世話好きな性格を活かし寮母を始めたという彼女が用意してくれるキムチやご飯は、ここに住む学生たちにとって、何より嬉しいサービスであろう。

（須賀佳那子・辻村夏菜）

屋上階ダイニングのミニキッチンには、キムチとご飯がいつも用意されている

3階平面図　1/200

部屋が狭くなっても、専用のシャワー・トイレが欲しいという需要があり、個室に半畳程度のシャワー・トイレブースがついている

● 所在地：ソウル市／韓国　● 建物規模：地上4階＋塔屋　● 個室数：17室　● 個室面積：6.5㎡　● 家賃：50万ウォン（トイレ、シャワー付）　● 契約形態：マンスリー契約（保証金なし）　● 部屋の探し方：歩き回って探す　● サービス：共用廊下の清掃、キムチやご飯の提供　● コモン空間：ダイニング（25.9㎡、洗濯部屋（14.3㎡）。ランドリー、キッチン（共用）　● 水回り：シャワー、トイレ（個室内）。ランドリー、キッチン（共用）

6㎡程度の極小個室の中にベッドとシャワー・トイレブースが付属。ベッドの一端には机の天板があり、ベッドに座ったまま使える。収納は、ベッド上部に備え付

YILAN
【折り重なる立体的居場所】

台湾

　台湾は雨が多い。そのため、建物の1階をセットバックして屋根をかけた騎楼（チーロウ）と呼ばれる軒下アーケードをよく目にする。1階の道路側に店舗、奥から上階は住居である。店舗は騎楼までせり出しており、人びとの活気があふれる。店内を覗くと、その奥に、カーテンで軽く仕切られているオーナーの住居部分が見え隠れする。こうした職住一体となった店舗からは生活感が漂ってくるし、職と住を切り離して台湾の住宅事情を説明するのは難しい。

　ここで紹介するのは、筆者がインターンとして滞在していたFieldoffice Architects（田中央聯合建築師事務所）の黃聲遠（ファンシェイエン）が設計した、所員やインターン生の寮付き自宅である。事務所から数百メートルの距離にある地上3階建ての住宅で、1階が寮、2、3階が黃氏の自宅となっている。寮には、11の寝床のような居場所（スペース）が立体的に折り重なっている。11の居場所は、大きく4つのゾーンに分かれている。各ゾーンは、小上がりのような段差で土間通路と分節されている。その小上がりからさらに階段を上り、自分の居場所にたどり着く。それぞれの居場所には収納棚があり、貴重品を管理できる。各ゾーンの仕切りや各居場所の収納は、既製の窓枠や木材、ドアなどによってブリコラージュ的に組み立てられ、不思議な立体空間になっている。

　プライバシーがない仕切られただけの居場所での生活は、仕事を通して信頼関係が築けているからこそ成立するのだと思う。また、寮に戻ってから、仕事中に実はこんなことを思っていたなど、ルームメイト同士、本音で話ができる関係は、折り重なる個室間の距離の近さゆえかもしれない。緩く区切られた寮での生活を通して、職住一体で語られることが多い台湾の住宅事情を体験したように思う。

（尾形 魁）

上：建築家・黃氏の自宅外観。1階は所員やインターン生が暮らす寮として使われている。右：窓枠やドアなどを配して、小さな生活空間が積み重なる

●所在地：宜蘭／台湾　●建物規模：地上3階（シェアハウス：1階部分）　●居住者数：オーナー家族含め最大15名　●個室面積：約2〜3㎡　●家賃・共益費：なし　●水回り：キッチンはないが、オーナーが暮らす2階のキッチンは利用可。シャワールーム2室、洗濯機1台

| ロフト | ルームメイトそれぞれの居場所が立体的に積み重なる |

❸ 2〜3㎡ほどのロフト空間。各スペースには、マットレスと収納棚がある。インターンが増えると、マットレスと寝袋でそれぞれ自分の場所を確保する。最大15名程度が暮らした時期もあった

❷ 小上がりの手前で靴を脱ぐ。この段差によって4つのゾーンに分節される。正面がスペース1、階段右側が、スペース9、10

❶ 廊下はコンクリート打ち放しで、外靴のまま使う。ところどころに空間を分節するドアや棚が設置されている。写真右手前は、オーナー宅に続く階段

| 水回り | 洗面台、トイレ、シャワーは一体空間 |

平面図　1/200

❹ シャワールームは、ドアを設けずカーテンで仕切られている。仕事の同僚が暮らすシェアハウスだからこそ成立するオープンな水回り空間

┌ ─ ─ ─ ┐ 小上がりによって分節されている4つのゾーン

図面中の❶〜❹は、写真❶〜❹の撮影場所を示す

シェアハウス図鑑

BANGKOK
【リビングをカーテンで個室に】

　タイの中・上流階級の人びとにとって、共用施設が充実し、セキュリティ対策がしっかりしているうえ、郊外の戸建て住宅より家賃が安く交通の便がよいバンコク市内のコンドミニアムは人気がある。こうした物件を探す場合、オーナーまたはニティブッコン（Nitibukkon）という物件管理会社に連絡して交渉することが一般的である。

　バンコクのサトーンにあるコンドミニアムをシェアしているオーストラリア人男性2人は、入居前にオーナーの許可を得て、シェアしやすい間取りに変更した。変更にあたって、2人は共同生活のあり方をしっかりと話し合い、共用のキッチンやクローゼットの使い方、眠る場所についてスタディを繰り返した。面積44㎡という限られたワンルームの中で、プライベート空間、半プライベート空間、共有空間の境界を、使い方によって変化させることができるというコンセプトのもと設計・改装した。

　居住者のひとりは不眠症のため、プライベートな空間が必要であったが、もうひとりはどこでも寝られるため個室は求めておらず、広々とした場所で暮らしたいという要望があった。そこで、リビングとダイニングの一角にあるソファの周りに間仕切り用のカーテンを設置し、ソファ兼寝室として利用することにした。普段は広い共用空間で過ごし、寝るときはカーテンを閉めることでプライバシーを維持する。こうしたカーテンの開閉によって、共用空間と半プライベート空間の境界が生み出されている。

（ダーンサグン・スィリポーン）

共用空間の一部を寝るときだけソファベッドのカーテンを閉めて、半プライベート空間として利用

日中はカーテンを開けて、広々と使われているリビング

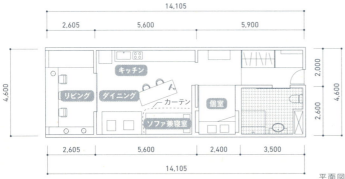

平面図　1/200

● **所在地**：バンコク／タイ　● **建物規模**：32階（コンドミニアム）　● **個室面積**：44㎡　● **家賃**：8,000バーツ（管理費込み）　● **契約形態**：1年契約（現在は購入済み）　● **部屋の探し方**：知り合いからの紹介　● **サービス**：フィットネスジム（共用）。2台分の駐車場（訪問者用として駐車場無料チケット有。1台分、月々20枚）　● **コモン空間**：リビング、ダイニング　● **水回り**：キッチン、バスルーム（共用）

BANGKOK
【住み継がれる家】

> タイ

　バンコクの中心から車で30分くらいの、まだ戸建て住宅も残るエリアに、築100年の木造の戸建て住宅がある。緑の木々に囲まれたその家には、現在、シラパコーン大学で伝統建築を学ぶ学生が5人で暮らしている。大幅に増改築が繰り返され、もともと庭であったと思われる場所の多くは内部化されているが、それによって5人がゆったりと暮らせる空間がここにはある。代々、4年生にその家は引き継がれて、1年ごとに居住者が変わる。したがって、年によってその利用状況は異なるようである。もともと駐車場であった玄関脇のスペースは、現在、洗濯物干し場やバイク置き場になっており、趣味のためのワークショップとしても活用されている。1階の真ん中の部屋が製図室になっていて、伝統的なタイ建築の模型も並んでいる。

　食事も時々一緒にとるが、何より、仕事（彼らは、課題の製図や模型をつくることをそう呼ぶ）を一緒にできるのが楽しい、と居住者のひとりトーンさんは言う。以前の住まいは単身用のスタジオで、狭いし、高い、何より共用空間もなく、孤独だったと振り返る。

　タイの伝統建築の保存、という同じ志向をもった学生たちがこの古い家に集い、また後輩にその空間が引き継がれていく。彼らがなそうとすることと、どこか同調するようなシェアハウスの物語である。

（ダーンサグン・スィリポーン）

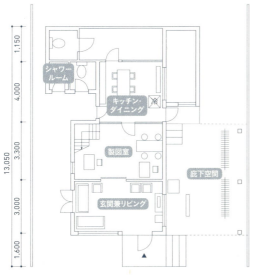
1階平面図　1/200

ワークショップが行われることもある1階玄関横にある庇下空間（元駐車場）

平行定規が設置された1階製図室

外観。築100年の木造戸建て住宅

● **所在地**：バンコク／タイ　● **建物階数**：地上2階　● **個室数**：5室（うち1室はオーナーの収納スペース）　● **居住者数**：5名　● **個室面積**：20〜50㎡　● **家賃**：5名で合計10,000バーツ（共益費込み）　● **管理費**：200バーツ以内　● **光熱費**：3,000バーツ　● **契約形態**：大学4年生の賃借権を継承　● **部屋の探し方**：先輩からの紹介。居住希望者を募ったうえで先輩に打診　● **コモン空間**：リビング、ダイニング、階段ホール（作業スペースに転用）、庇下空間（元駐車場）　● **水回り**：キッチン、トイレ、シャワー、洗面（共用）

SINGAPORE
【オーナー家族と邸宅に住む】

シンガポール

1階テラス。週末、オーナー家族やシェアメイトとともに食事を楽しむこともある

　シンガポールは国土が狭いため、住宅開発庁（HDB：Housing Development Board）が建設する10〜15階建てのHDB住宅に、国民の8割が暮らす。そのほかに、プールやジムなどの施設、セキュリティが完備されているコンドミニアムもあり、一部の高級住宅地には庭付き戸建て住宅も点在している。国土の約8割が国有地であるため、戸建て住宅の土地所有権は認められず、99年の賃貸契約が取り交わされる。

　ここで紹介する事例は、戸建て住宅でのシェアハウスである。オーナーは、中華系シンガポール人の7人家族で、フィリピンからのメイド2人、ルームメイト2人を加え、合計11名がひとつ屋根の下に暮らしている。エントランスを入るとフォーマルなリビング・ダイニングがあり、その奥に、メイド居室と彼女らが家事を行うウェットキッチン、洗濯物干し場がある。1、2階にそれぞれ賃貸用の部屋が1部屋ずつあり筆者含め2名のルームメイトが暮らす。シンガポールの若者は、結婚するまで実家で暮らすのが一般的であるため、日本のようなワンルームマンションが存在しない。単身の外国人にとって、こうした戸建て住宅の部屋を借りることは珍しいことではないのである。

　大人数での生活ではあるが、各個室にバスルームが設置されているため、プライバシーは保たれている。つねに家に誰かがいるという安心感があり、メイドが食事を用意してくれるのも助かる。時間にゆとりがある週末には、アウトサイド・ダイニングでオーナー家族やルームメイトと夕飯を共にすることもある。

（畑　裕子）

● **所在地**：ブキティマ地区／シンガポール　● **建物規模**：地上3階　● **居住者数**：オーナー家族含め11名　● **個室面積**：7.92〜41.55㎡　● **家賃・共益費**：1,100シンガポールドル（光熱費・サービス料込）　● **契約形態**：1年契約（オーナーとの直接契約）　● **部屋の探し方**：賃貸情報を扱うウェブサイトで探すことが一般的。この物件は知人のエージェントからの紹介　● **サービス**：朝食の提供、週末は昼食、夕食が提供されルームメイトたちと一緒に食べることもある。毎日、メイドによる掃除、整頓、洗濯のサービスあり　● **コモン空間**：リビングは共用だが、オーナー家族が主に使用しているので、筆者はほとんど利用しない　● **水回り**：バスルーム（個室内）。ウェットキッチン、アウトサイド・ダイニング（共用）　● **その他**：喫煙や友達の招待は禁止

3F オーナー家族の専用スペース

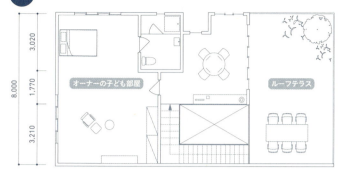

2F 各個室ともバスルームが設置されたマスターベッドルーム。
プライバシーが保たれやすい

東京23区の大きさ程度の小さな島国、シンガポール。
その中でも高級住宅街として知られるブキティマ地区

筆者の暮らす個室

1F ダイニングの脇には、屋外テラスがある。
食事をすると気持ちのよいスペースである

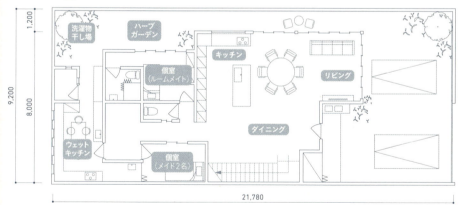

平面図　1/200

1階リビングはオーナー家族が主に使用している

洗濯物干し場と行き来しやすいウェットキッチン

SINGAPORE

シンガポール

【外国人＋シングル→コンドミニアムのシェア】

シンガポールに暮らす外国人の多くはHDBまたはコンドミニアムを借りて住んでいる。HDBにはセキュリティガードがなく、地上階のピロティに売店や子どもの遊び場など、セミパブリックな空間が設けられている。一方、コンドミニアムの出入り口は守衛に常時管理され、住民専用のプールやテニスコートが完備されていることが多い。どちらも3LDKが一般的で、住込みのメイド室が付属する住戸もある。

70㎡以下の物件は非常に少ないため、単身で借りる場合はルームシェアを選ぶことが多い。家具の有無、キッチンの使用制限（きれい好きなシンガポール人がオーナーの場合、キッチンではお湯を沸かすこととオーブンレンジでの調理のみ許可という場合も）など物件によって条件が異なる。

この事例は、勤務先の移転をきっかけに、マレーシア人の同僚2人とその妹とともにシェアすることを前提に見つけた分譲物件で、筆者を含め4人で暮らしている。高級住宅地の一角にあるコンドミニアムで、玄関を入ると共有リビング、その奥に3つの個室がある。そのうち1室は専用バスルームのあるマスターベッドルーム、2室は水回りを共有するコモンベッドルーム。みな出勤時間が重なるが、不思議と水回りが使えずストレスになることはほとんどない。大きなキッチンでマレー料理や日本料理を互いにつくり合ったり、残った仕事を持ち帰り食事をしながらディスカッションすることもある。

（會澤佐恵子）

仕事で旅に出ることも多く、旅先で買った本や雑貨、食器などはみんなで共有している

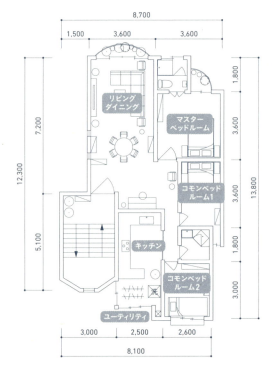

平面図　1/200

● 所在地：ブキティマ地区／シンガポール　● 建物階数：地上4階　● 個室数：3室　● 個室面積：7.6～7.8㎡　● 家賃：3,200シンガポールドル　● 光熱費：シェアメイトと分担　● 契約形態：分譲住宅1住戸をオーナー代理人を通して賃貸。デポジットは家賃の1カ月分。契約終了時に返金される。2年間の条件で契約　● 部屋の探し方：ウェブサイトで探すことが一般的　● サービス：プール、バーベキューコーナー、多目的室、事務、児童用遊具など完備。守衛が24時間常駐　● コモン空間：リビングダイニング　● 水回り：キッチン、トイレ、シャワー、ユーティリティ（洗濯機）　● その他：共用部は気がついた人が、その都度掃除。数カ月に1度、メイドにクリーニングを依頼（4時間につき60シンガポールドル）

シンガポールでHDBを購入する場合は永住権（PR：Permanent Resident）、コンドミニアムを購入する場合は高額な購入資金が必要。購入したところで所有権はなく、長期借受契約の場合がほとんどである

小林秀樹先生に聞く

正しいシェアハウスのつくり方 Q&A

住まいの多様化が進み、個人住宅、共同住宅、
ゲストハウスとシェアハウスなど区別しきれない居住実態が生まれている。
その背景やシェアハウスの制度上の位置づけ、
また今後の居住形態がどのようになるのか、
その展望について、公共政策や建築計画の研究者である
小林秀樹先生（千葉大学教授）にうかがった。

シェアハウスと脱法ハウスはどう違う？

小林秀樹
（こばやし・ひでき）

1944年新潟県生まれ。1977年東京大学工学部建築学科卒業、和設計事務所勤務を経て同大学博士課程修了（工学博士）。建設省建築研究所、国土交通省国土技術政策総合研究所を経て、現在、千葉大学大学院工学研究科にて、住宅政策、コミュニティや共同空間の研究を行う。

Q 建築基準法上のシェアハウスの位置づけを教えてください。

A シェアハウスが一般の住宅なのか、特殊建築物なのかを建築基準法や政令で明示した条文はなく、位置づけが曖昧であるというのが現状です。
　しかし、国土交通省住宅局が2013年9月に「事業者が運営するシェアハウスは寄宿舎とする」という趣旨の技術的助言を出しました。それは、一部屋に二段ベッドを詰め込んだような劣悪な住環境のもの、違法なレンタルルームなど、いわゆる脱法ハウスを規制する目的で出されたものです。でも、その定義だと健全なシェアハウスもすべて寄宿舎ということになり、戸建て住宅をリノベーションする場合、法律上の用途変更をしなければならず、事実上、空き家を活用したシェアハウスの実現が困難になるという問題を生み出しました。

> **Q** 既存の住宅をシェアハウスとして活用すると脱法になるのでしょうか。

A 現状の制度のなかでは、シェアハウスは寄宿舎として扱い、住宅からは用途変更が必要というのが原則です。

ただ、もともとは健全なシェアハウスまで規制をする目的で出した技術的助言ではなかったので、その後、小規模なもの（居室の床面積の合計が100㎡以下の階または100㎡以内ごとに準耐火構造の壁で区画された部分）を対象に、寄宿舎に対する規制緩和が行われました。例えば寄宿舎の界壁は準耐火構造で天井まで達していなければなりませんが、戸建て住宅はそうなっていないものがほとんどなので、それを緩和したり、2方向避難がなくてもよいとしたり、東京都建築安全条例では一定の屋外通路があれば窓先空地がなくても認めるということになりました。その緩和で、ある一定のシェアハウスが合法となりました。但し、住宅を用途変更する点は変わりませんので既存不適格建築物の利用は困難であったり、住宅扱いでよいルームシェアとシェアハウスの境界がグレーであったりと、規制緩和が全面的に有効に働いたとはいえません。

空き家活用は、地域環境の悪化を防いだり、都心部に安い家賃で住まいを提供したりするための重要な政策課題ですから、健全なシェアハウスを排除しないための方策が必要です。

> **Q** 法律上の用途判断は、何を基準に行っているのですか。

A 建築基準法のなかで、用途判断は難しい課題です。2000年までは、全国の建築主事等が集まる全国建築主事会議（現在は日本建築行政会議）で、新しい用途が出てきたときは議論し、新たな用途を認めて国が全国に通知するというしくみになっていました。

例えばトレーラーハウスの場合だと、容易に動かすことができない場合は住宅と判断するなどです。グループホームについても議論がありました。消防法では、消火設備をつけるために住宅とは違う基準が設けられていましたが、建築基準法では用途を明記せず、寄宿舎扱いがよいだろうという見解を出したにとどまっていました。ですから、複数の人がひとつの住戸に住むシェアハウスに対しても、その見解を追認したということになります。

地域ごとに住まいは変わる？

> **Q** 2000年以降は用途判断の仕方がどのように変化したのでしょうか。

A 2000年4月に地方分権一括法が施行され、建築基準法の運用が機関委任事務から自治事務に変わりました。つまり、それまでは国が決めたことを地方自治体が代行する体制でしたので、用途判断についても国が発令したものに対して、自治体はそれに従うことになっていました。それが「通達」でしたが、この改正で「技術的助言」に変わったのです。建築基準法の運用に関して、政令・規則・告示で国が明示すれば当然それに従いますが、それ以外の部分については、建築主事がいる特定行政庁が自ら判断を行うことになる大きな変革でした。

したがって、シェアハウスのような実態が多様な用途は、国も明確な判断基準を示すことは難しいため、特定行政庁が判断する余地とその権限があることになります。つまり、寄宿舎というのはあくまでも「技術的助言」というのが現代の構図です。

> **Q** 地方分権一括法はシェアハウスへの規制緩和となり、地域の事情に適した住まいのあり方を前進させるのですか。

A 「技術的助言」ですから、特定行政庁にとっては参考意見であり守る義務はありません。でも、もしも火災など事故が起きたとき、その助言以外の判断をしていた場合は建築主事が責任をとらされることがあります。そのようなリスクを抱えないため、現実的には、技術的助言に従って少人数のシェアハウスも寄宿舎とみなすという厳しい判断を行っているのが実情です。

ビルディングタイプ別の規制は必要？

Q 住まいが、家族のための戸建て、独居のためのワンルームという単純な図式ではなくなってきています。ますます多様化するなかで、これまでのビルディングタイプに分類できるのでしょうか。

A 時代によって建築の使われ方は変わりますから、それらをすべて政令で定めていくことは難しいと思います。今、対応が急がれている民泊などについても、大枠は国が決めるとしても、細部は地域の実情に合わせて、自治体など現場で判断を行うのがよいと思います。

法律の運用面では、地方分権が可能になっているので、まだまだ浸透はしていませんが、今後は自治体ごとの判断が進んでいくことに期待したいです。

Q ルームシェアには規制があるのでしょうか。

A 居住者が自主的にやっているルームシェアまでは規制していません。「事業者が運営する」という原則で、事業者が個別に部屋を貸す場合は寄宿舎という技術的助言です。

Q 2世帯住宅の1住戸をシェアハウスにする場合の規制はありますか。

A 2世帯住宅の活用も今後の課題のひとつです。親世帯がいなくなったあと、普通に賃貸にすると家賃が高くなって借り手を探すのが難しいのですが、シェアハウスとしての市場はあります。

余談ですが、2世帯住宅はそもそも住宅ではなく、共同住宅の扱いです。その背景には税制が関係しています。1住戸あたりの住宅用地200㎡までは小規模住宅用地とみなされ、固定資産税が1/6になるという制度があります。あるときまでは、親世帯と子世帯の間にドアがあると1住戸とみなしていましたが、現在は税制を見直してドアの有無に限らず共同住宅となったのです。

共同住宅ですから、各階が100㎡以下であれば、小規模寄宿舎の規制を適用して、比較的シェアハウスにしやすいといえます。

Q 民泊の扱いについて議論がありますが、宿泊施設と住宅に対する規制はどのように異なりますか。

A 短期滞在用のゲストハウスやホステルとシェアハウスは建築基準法上はもちろん異なりますが、税率も違います。前述の住宅用地に対する固定資産税の軽減措置が使えなくなるので、宿泊施設となると税率がアップするのです。

外国人が短期滞在するゲストハウスについて、賃貸住宅なのか簡易宿舎なのかという議論があったとき、1カ月以上滞在するものについては住宅、それ未満のものは旅館とみなして課税するという方針が出されています。

したがって、旅館業とみなされないように数日間の滞在でも契約書類上は1カ月以上とするなど、業者と制度のいたちごっこがあるのが実態のようです。

Q 住宅の一部を短期滞在者に貸す場合、現在の法律では用途区画が必要になります。今後改正は行われますか。

A 改正の予定は不明ですが、その必要性は高いと思います。現在、住宅用途と福祉系の複合施設が増えています。それらをすべて防火戸で区切るとなると建築的にもつまらなくなりますから、実態をふまえた建築制度の運用が今後ますます必要になってくると思います。

特定住宅とは？
それでシェア転用が広がる？

Q よりよいシェアハウスを支える制度はどのようなものですか。

A 私は、建築基準法を改正し、住宅と特殊建築物（寄宿舎）の中間用途である「特定住宅」を創設することが望ましいと考えています。これは住宅の類似用途として、既存住宅の活用時には用途変更にあたらないとするものです。ただそのためには、さまざまな関連法規があり、一朝一夕には難しいので、まずは自治体が特定住宅に近いしくみを導入すればよいと考えています。

特定住宅とは、小規模なシェアハウスやグループホームなどを、建築基準法上は住宅扱いとしつつも、守るべき安全基準を自治体が建築基準法第40条に定める「上乗せ規制」として決めるというものです。そしてその基準を事業者や居住者が遵守する。この方法であれば、用途変更の確認申請など行わずとも、安全な住居が実現するのではないでしょうか。

Q 特定住宅を実践している自治体はありますか。

A シェアハウスではまだ事例がありませんが、愛知県は一戸建住宅を福祉用途のグループホームに転用するときに限って、特定住宅と同様な取り扱いを定めました。確認申請は出さなくてもよいけれど、別途公表している技術的基準は守ってくださいと。

つまり、住宅扱いにすることで、行政は審査しないということです。自己責任で建築を自由に活用する方法を広げていくべきだという思想が背景にあり、私も賛同しています。

建築物で問題が起こると行政批判になり、それを受けて基準を細かく設け、関与が強まっていくということがこれまで行われてきました。でも私の考えでは、古い空き家を活用していくためには、今後は自己責任に転換していく制度を整えていく必要があると思います。

万が一問題が起こったときにも、責任を負うのは事業者だけではなく、その場に住むことを選んだ居住者も責任を負うのが望ましいと思います。但し、多人数のシェアハウスは、周辺への影響が大きく、また居住者による安全確保も難しいため、特殊建築物（寄宿舎）の扱いが適切です。以上は、あくまでも戸建て住宅の転用、居住者が数名程度の規模のものに関しての見解です。

建築基準法などに定める主な基準と「特定住宅（提案）」の関係

	転用前（一般住宅）	転用後（寄宿舎）	提案（特定住宅）
既存不適格の適用 ・接道義務・日影規制・耐震基準	―	用途変更にあたる（注） →既存不適格の適用はなくなり、現行基準を満たす必要がある	特定住宅は、「住宅の類似用途」であり、用途変更には該当しない。耐震性を確保する
廊下の幅（令119条）	―	各階居室200m²超は 中廊下1.6以上 片廊下1.2m以上	200m²超は「特定住宅」を適用しない
階段の勾配（令23条）	蹴上げ23cm以下 踏面15cm以上	蹴上げ22cm以下 踏面21cm以上	一般住宅と同じ
階段の数（令121条の5）	―	2階居室100m²超は、 2以上の直通階段	2方向避難の確保。 但し窓からの避難を可とする。
敷地内通路（令128条）	―	幅1.5m以上の通路を確保する	―
間仕切り壁（令114条の2）	―	主要な壁は準耐火構造とし 天井裏などに達する	―
採光に必要な開口部（法28条）	床面積の1/7以上の 面積を有する	同左	各居室に窓を設ける 同左
火災報知器 （消防法施行令21条）	住宅用火災報知器を 各居室に設置する	延床面積500m²以上で 自動火災報知器を設置	住宅用火災報知器（連動型）を 各居室に設置する
窓先空地 （東京都安全条例19条）	―	各居室は、幅員1.5m（居室合計100m²以下の場合）、2m（300m²以下）の空地に面する窓をもつ	―
居室面積（同上）	―	居室の床面積7m²以上	ひとりあたりの住宅面積が 12m²以上

法：建築基準法　令：建築基準法施行令
（注）用途変更する床面積が100m²以下は建築確認申請の義務が免除される（法6条の1）。但し、申請が不要になるだけで法の適用が免除されるわけではい。
なお寄宿舎の基準は、小規模寄宿舎の緩和前のもの。

シェアハウスは都市の住まい方や住宅市場を変える？

Q シェアハウスが増えている背景を
どのように見ていらっしゃいますか。

A そもそもシェアハウスが増えた要因のひとつは、結婚しない男女が増えひとり暮らしが増えてきたこと。シェアハウスに住む大半は20代後半〜30代ですが、家族をもたないけれども、ひとりで住むよりはシェアの暮らしにメリットがあるということだと思います。

都心と地方ではシェアハウスに住む目的が異なっています。都心では共用空間をシェアすることで5〜6万円程度の家賃で、比較的よい立地に広く住めます。

地方では、家は余っているので家賃が安いメリットというよりは、もう少し別の目的があり、例えば同じ価値観や、単身赴任同士など同じ立場の人と住むメリットがあるのではないでしょうか。

もうひとつの普及の背景にはインターネットの発達が大きい。昔は居住者を募集しようとしてもその募集手段がなかったけれど、1990年代後半以降、ウェブサイトでそれが可能になった。

Q 年配の人や、カップルなどシェアハウスに住みたい層も多様化しているのではないでしょうか。

A 背景にはシェアハウスの経験者が増えているということがあると思います。例えば昔「松濤コモンズ」（古民家を活用した多世代交流シェアハウス。2010年に閉鎖）に住んでいた方は、結婚後もシェアハウスに住んでいたりします。また、海外ではルームシェアが当たり前なので、そういう経験を積んだ人が、シェアのメリットを感じているケースもあるのだと思います。

Q 脱法ハウスの高密度居住は、
住宅市場への悪影響も問題だったのですか。

A そのとおりです。一番の問題は火災など事故が起こったときの安全性でしたが、もうひとつは市場の問題です。マンションの1室に15人住まわせたとして、ひとりの家賃が3万円だと仮定すると実際の家賃に比べて遥かに儲かることになります。それを放置しておくと、健全な賃貸市場を駆逐していくおそれがありました。例えば月額8万円の賃貸物件を違法レンタル業者が12万円で借りることになると、それまでの家賃相場が上がってしまい、8万円ではそれまでより狭い部屋しか借りられなくなります。脱法ハウスの規制には、市場がそのような働きをするのを抑制する目的もありました。

Q ヨーロッパではAirbnbによって、都心に住んでいた人が郊外に移転し、都心の家賃が上がっているという問題があるそうです。民泊も住宅市場のあり方を変えるのでしょうか。

A その通りだと思います。市場原理なのでそれでもよいと考える新自由派の経済学者もいます。一方で、建築に関わる立場からは、これまで都市の居住水準を上げるために積み上げてきた努力が水の泡になってしまうので望ましくないと考えている人もいます。

また、民泊は賃貸住宅に対しては高い賃料がとれる一方で、旅館に比べると安い宿泊料を提供します。これは、厳しい法規制下で営業している旅館業からみて不公平です。市場での自由競争とは、同じ条件下で行われることが必要になると思います。

> **Q** 健全なシェアハウスはどのようなところで成立するとお考えですか。

A 多人数を詰め込む脱法的ハウスは収益が高いので多様な場面で成立する可能性がありますが、健全なシェアハウスはほどほどの収益です。このため、ひとつは市場性が低い空き家が対象になります。用途転用しなくても売買が成立するものは住宅として流通・売買できるためシェアハウスにはなりづらいので、普通は流通しにくい空き家が利用されることが多いと思います。

例えば、ひとつは接道不良で再建築不能なもの。もうひとつは借地のケース。借地権を更新するときに更新料が発生するため空き家になりやすい。この場合は建物を壊すと借地権がなくなってしまうので、既存のものを利用する場合が多いのです。あとは木賃アパートなど既存不適格の建築物。それらは空き家を活用する必要がありますから、健全なシェアハウスとして市場に提供されがちです。

私の見たところ、そういうものが半分くらいあり、あとの半分はオーナーに理解があり、健全なシェアハウス業者が借り上げて経営している事例です。

そして、相続がうまくいかずシェアハウスになる事例もあります。売買をすると相続人全員の承認が必要になりますが、利用は可能なのでシェアハウスとして賃貸にする場合もあるようです。

シェアハウスがめざすもの

> **Q** 今後多様な住まい方や空き家の利用方法に対する制度の規制は少なくなっていくのでしょうか。

A 規制する目的次第です。規制緩和が時代の流れですが、一部は規制を強化する必要もあります。例えばマンションの1室について、過密に住んだりゲストハウスとして不特定多数の人が出入りしたりするようになると、周辺の住戸に影響を及ぼします。今の日本の法律では、それを管理する行政法はなく、マンションの中の管理規約で決めることになっています。その部分では、規制強化が求められています。

そして、戸建て住宅の住まい方でも、民泊などで周辺に影響を及ぼすようになると、地域社会のルール整備が必要になってくるかもしれません。現在は、地域社会で強制力のあるルールをつくるしくみが日本にはありませんから、そうなると条例を整備する必要が出てきます。

> **Q** 今後のシェアハウスには何が求められますか？

A これまでは、空間や設備の共有でしたが、今後は何をシェアするのかということが肝心だと思います。

例えば、ネコや防音室などペットや趣味を共有したり、子育て世代だとベビーシッターを一緒に雇うなど、さまざまな工夫がどんどん出てくると思います。

ペットをシェアする場合は、居住者同士の奪い合いが始まったりするのではないかと心配しますが（笑）、一口にシェアハウスといっても、多様化が求められる時代に入ってきたと思います。

ROUND TABLE

シェアハウスは何が残せるか

篠原聡子×仲 俊治×南後由和

中動態の空間

篠原 シェアハウスの調査・研究をしていると、背景にある社会状況の変化に加え、設計者の役割がただ与件を整理して設計するだけではなくなっていると感じます。社会学者で都市・建築論が専門の南後由和さん、「食堂付きアパート」（以下「食堂付き」）を設計した建築家の仲俊治さんにシェアハウスを取り巻く状況、そして今後の展望についておうかがいします。

まず、なぜ仲さんに話をおうかがいしたいと思ったかというと、「食堂付き」を拝見したとき、経営にも関わっていると聞き、建築家の職能を一歩踏み越えた時代性を強く感じたからです。そもそもなぜ出資し、経営参加をすることになったのですか？

仲 簡単にいうと、設計案を通すためでした。「食堂付き」はシェアハウスではなくて、SOHO（職場付き住宅）と食堂が路地でつながる建物です。そこでは用途の混在そのものが目的ではなく、用途が異なる空間の境界面をデザイン対象としたかったんです。SOHOでは「住む」と「働く」の境界があり、レストランはアパートと地域の境界としての位置づけがあって、さまざまな場所がAとBのあいだである状態をつくりたかった。それで、食堂には入り口を2つ、床レベルを2つ設けることが空間の生命線だと考えていました。そして、食堂とSOHOともにファサードが開放的であることが重要でした。でも、予算がシビアだったことや前例がなかったことから、施主や融資をする銀行の理解がなかなかもらえなくて、やむをえず「出資」の流れになりました。出資というとかっこよく聞こえますが、きっかけは、工事費を捻出するために設計料を減額できないかという申し出でした。もちろんそれはイヤなので、状況に応じた設計料の後払いになりました。設計内容については自信がありましたから、まずはプロジェクトが前に進むことができれば店子がきちんと付くこと、家賃レベルの維持につながることはじきにわかってもらえました。そのほかにも食堂の初代シェフを選んだり、住人と一緒にメニューの提案をしたり、息の長いつきあいになっています。

南後 経営に関わることを通じて、建築家が建築に関与し続けるしくみは、住民参加型のワークショップなどとは異なる、建築家と事業主・施主との新たな関係を示していて興味深いですね。これまで建築家と事業者は別々の存在でしたが、建築家が事業主の一員として一定のリスクを背負うことで、建築家と事業主・施主の関係が変わり始めている。

哲学者の國分功一郎さんの『中動態の世界 意志と責任の考古学』（医学書院、2017年）という本があります。中動態とは、能動態と受動態、「する」と「される」の中間の状態のことです。これまでは建築家は設計を「する」側で、事業主・施主は設計を「される」側、もしくは、事業主・施主は運営を「する」側で、建築家は運営を「される」側だったのですが、その中間の領域でおもしろい現象が生まれている。

設計者としてプログラムを開発する

南後 お2人にお聞きしたいことがあります。建築家が事業にコミットメントすることによって、アウトプットとしての建築は、どのように変わりうるのでしょうか。

仲 「食堂付き」で重要なのはプログラムの開発でした。10坪という食堂の小ささがきわめて重要だったんです。立地がよいので1階を全部レストランにすると家賃

食堂付きアパート

設計：仲建築設計スタジオ
所在地：東京都目黒区　家族構成：単身〜2人（想定）　敷地面積：139.89㎡
建築面積：97.56㎡　延床面積：261.13㎡　住戸面積：24〜42㎡（5戸）
構造・階数：鉄骨造一部鉄筋コンクリート造・地下1階、地上3階　竣工：2014年3月

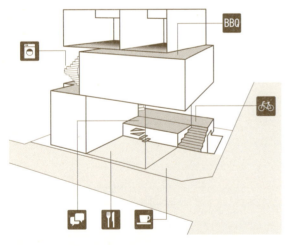

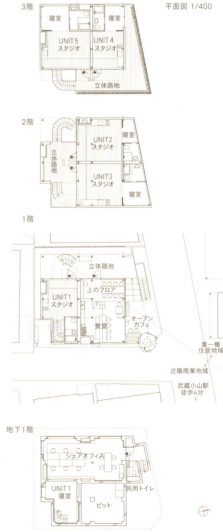

平面図 1/400

が高くなり、銀行目線だと小さな店舗を普通はつくらない。でも、その規模だと誰かに運営を頼まざるをえなくなり、引き渡して終わりです。そうなると無難に設備だけ入れて、建築として何もできなくなっちゃう。自分たちが運営に関わることができる小ささにすることで、あのプログラムが出てきました。「小さい」＝「1〜2人で回せる」ように、床レベルの差を利用して配膳・下膳をスムーズにできるようにしたことも重要でした。設計者として内発的な持続性に踏み込むことで、建築的なプログラムをつくり出せるんだと思います。その結果として、住人もオーナーも自分ごとのようにプロジェクトに関わり、僕も関わり続けることができていると思う。生活環境としても、ただ家賃を払って住むのとは別のものができているのではないかと思います。

本書に収録されているシェアハウスの多くも、設計者が継続的にマネジメントやデザインし続ける事例が多いように感じました。

篠原　「SHAREyaraicho」(11頁)の設計をして、シェアハウスというのは自分たちが運営に片足をつっこまないと続かないものであるということがわかってきました。建築家としては、建築をつくることで社会的な課題やこうありたいという社会像にコミットメントしたいと思っています。しかし、その建築を実現するためには、事業や運営に荷担をせざるをえないことがままあり、そうしないと自分が発想したデザインが社会につながるものになっていかない。

南後　事業に荷担すると、収支を見ながら、プログラムと空間をどのように連動させるかを考えざるをえない。すると、より密接にソフトとハードの話がつながってきますね。建築家がよりユーザー目線で関わることで設計の解像度が上がるのでしょうか。

篠原　そうですね。10坪の食堂しかり、そのときにスケールが重要だと思います。本書では、結果的に最大規模が16室です。大手事業者が運営するシェアハウスは、40室以下だと採算がとりにくくなるという話を耳にしたことがあります。つまり大きくなると市場原理で動かざるをえないし、そこでは役割もきれいに分割・分断されていく。でも、ここではそれに回収されない、違う視点でシェアを取り上げたいと思いました。設計者、オーナー、居住者がひとつのプロジェクトに関与し合って、化学作用が起こると感じているからです。三者がともに中動態でいられる事例を編んでいくと、結果的に建築やコミュニティのスケールが見えてきたと思います。

なぜシェアハウスが普及したのか
——人口の移動と多拠点化

南後　シェアハウス入居者の平均年齢は、20代後半から30代前半。ほとんどが単身者ですよね。2015年の国勢調査によると、全国の1/3以上が単身世帯で、東京の区部では一世帯平均が1.93人で2人を切っています。このような単身者の一時的な住まいの新たな選択肢として、2000年代後半以降、シェアハウスが注目を集めるようになりました。

シェアハウスの浸透には、2000年代後半から2010年代にかけて普及したSNSも影響しています。SNSの普及によって、あらかじめシェアハウスの雰囲気や入居者の趣味・嗜好を把握できるようになり、入居者同士のマッチングの精度が高まりました。そのほか、増加する空き家などのストック活用も、シェアハウスを取り巻く社会状況の変化として挙げることができますね。

篠原　「京だんらん嶋原」(43頁)は、まさに京都の町家のストック活用で、かつ町家好きと嗜好の似た人がウェブサイトを介して集まってくる事例です。

南後　人口減少が進み、ストックが余るようになれば、ひとり当たりの住戸面積が増えるので、シェアの需要は減ってもおかしくない。にもかかわらず、なぜシェアハウスが台頭するようになったのか。これには、モビリティの変化、すなわち一拠点に固定せず、多拠点間を移動しながら生活する人が増えていることも関係していると思います。人が複数の拠点間を移動することで、大都市と地方の関係性が変わりつつある。シェアハウスの多くは都市部に立地していますが、近年になって地方のシェアハウスに興味深い事例が増えていることの背景には、モビリティの変化もあるのではないでしょうか。

篠原　本書では地方都市の事例を数多く収録しています。宇都宮市の中心市街地に建つ元ビジネスホテルを改修した「KAMAGAWA LIVING」(59頁)は、オーナーが市街地に住みたいという動機で購入し、シェアハウスにしたもの。住人は、転勤で宇都宮にやってきた大手上場企業の人など外からの人が中心ですが、そこに宇都宮市周辺の出身でまちなかでオシャレに暮らしたい人が混じり合って、地方都市に住むための窓口になるコミュニティが生じていました。

石巻の「SHARED HOUSE 八十八夜」(51頁)は、東日本大震災後に来たボランティアが長期滞在できる

SHARE 3

設計：空間研究所
敷地は約115㎡と小さいが、広さ7〜30㎡の多様な住戸を入れ、1階には通りにより開いた店舗を計画中

場所がなく、お茶販売店の2階を改装したもので、移住の窓口になっています。メディアに一切出ないという理由で残念ながら掲載できなかった鳥取県のゲストハウスとシェアハウスが複合した「たみ」は、移住したい人がまずシェアハウスに住み、まちに馴染んだ後に近所の空き家を借りて独立していく、そんな移住の入り口の役割を果たしていました。

多機能化する空間、多面化する個人

南後 20世紀的な機能主義の発想では、生産と消費、働くと住むというように、互いに切り離されていた空間が、現在は複合化しつつある。本書の事例から、その実態がよくわかりました。

篠原 そうですね。例えば「シェアフラット馬場川」(35頁) はまちづくり会社が下階にあり、住民もまちづくりに関わるしくみがあります。「haus 1952」(67頁) は元個人住宅ですが、和服の古着屋さんが2階に入居しています。単一家族の家では家族のテリトリーとしての境界が明確で、クローズドになりがちですが、シェアハウスは単身者の集まりであることで、流動性や関係の緩さが機能の混在を許容しやすくしていると思います。また、単身者の住まいが流動的であるがために、個人というよりは、その空間の個性が全体を統合しているように思います。

南後 広井良典さんは、これまで日本では、都市に会社などの疑似農村的な共同体をつくってきたけれど、その疑似農村的な共同体も希薄になった現代の都市においては、独立した個人と個人がつながる関係性をいかに構築していくかが課題になると指摘しています (『コミュニティを問いなおす——つながり・都市・日本社会の未来』ちくま新書、2009年)。「シェア」は、この課題に対する解のひとつとして見なすことができるかもしれません。

但し、独立した個人といっても、一人ひとりの人間が多面性をもつようになっています。会社員をしながらほかにも副業をしていたり、学生がNPOを組織したり……。家族も、それぞれの個人がソーシャル・メディアなどを通じて、外部とのネットワークを複数もっています。

個人が多面性を帯びていく状況のなかで、これら複数のネットワークが交わるハブとして、シェアハウスやコモンスペースのような多機能化した空間が注目を浴びているのだと思います。

家の中の個室から、個がつながる空間へ

南後 ところで、欧米では、昔からシェアが根付いていましたが、日本では、なぜワンルームマンションなどのようにプライバシーの確保を重視し、シェアハウスが根付いてこなかったのでしょうか。

篠原　敗戦とそれにともなう家族観の変化が大きく関係していると思っています。ワンルームマンションは、1970年代前後から増加します。その当時の若い世代は、親世代が大家族のなかで苦労していたのを見て、誰とも関わらずに独立し、自分で意思決定ができ、誰の迷惑にもならずに生きていくのが最高の自由だと強く思っていた。

　西川祐子さんによると、ワンルームマンションは、家族がいる実家があることが前提で、つまり実家の子ども室なのだと指摘しています（『住まいと家族をめぐる物語——男の家、女の家、性別のない家』集英社、2004年）。加えて、投資先としてワンルームを購入し、リースして賃貸料を得る市場のしくみができたこともその普及を後押ししたかもしれません。

南後　なるほど。ワンルームマンションは、片側に実家があり、家族とつながっていたということですね。それに対し、シェアハウスは、家族をあてにしていません。むしろ、家族とは異なる、互いに独立した個人同士が集まって住むからこそ得られるものが希求されています。

建築がフィルターとなり生まれる共感

南後　シェアハウスのルールは事業者が定めている場合もありますが、居住者同士によってボトムアップ的にかたちづくられていく側面が強い。但し、どちらかといえば、欧米ではルールが明示的であるのに対し、日本では暗黙的という違いがあります。

篠原　日本では、最低限の明示的なルールはあるとしても、細則はあまりありません。日本で、細かくいろいろ書き出し始めたら、それはきっとそのコミュニティがうまくいっていないということではないかと思います（笑）。調査によると、海外のようなメイン・テナントではないのですが、自然発生的に寮長的な役割の人が出てきて、仕切る事例が多いようです。

　さきほど、SNSでマッチング精度が上がっているというお話もありましたが、おそらく建築や空間がある種住人をスクリーニングしているから、暗黙のルールが生まれる場合もあると思います。例えば「食堂付き」は路地状の通路が上階のテラスまで連続しているので、個室が開放的です。あの開放感が苦手な人は住めない。その空間に住めると思った人の集まりだから、お互いに共感ができるのかな、と思います。

南後　1990年代にデザイナーズマンションがブームとなりましたが、そこでは基本的に居住者同士による交流は志向されておらず、それぞれが個別に生活を営んでいました。それに対し、シェアハウスでは、あらかじめ空間や居住者のライフスタイルが醸し出すテイストに共感している人たちが集まってきて、居住者同士の交流に価値が見出されています。今のところ、シェアハウスの多くは、地縁型の共同体というよりは、趣味・嗜好やライフスタイルを共有したアソシエーション型の共同体に近い。

　それに比べて、「食堂付き」は、生産を媒介とした結びつきを通じて、アソシエーション型の共同体を、地縁へと埋め込んでいく方向性を示している点がおもしろいと思いました。

建築が小さな経済圏を生む

南後　これまで都市において、単身者をはじめとする独立した個人同士の関係といえば、互いに匿名性を保ち、商品やサービスを「消費」するだけの非関与的な態度が主流でした。けれども、「食堂付き」では、ときに人びとが商品やサービスを「生産」する側へとスイッチングすることで、地域への関与的な態度を生み出しているように見えます。仲さんは、「地域社会圏」に着目されていますが、「食堂付き」では、その可能性をどのように捉えていますか。

仲　「食堂付き」であることと同時にもちろん、「アパート」であること、なぜ集まって住むのかということが大事な側面でした。おっしゃるように、自己充足の単位としての家族を前提としている限り、集まって住むことに積極的な必要性はありません。でも、周りを見渡してみると、「小さな経済圏」をつくることが、集合させる論理になるだろうと思いました。

　住むと働くが融合していく。狭義の労働だけでなく、サービスの受け手としてみなされていた消費者という存在が、サービスの担い手にもなれる。小さなサービスを授受するような経済圏をつくる。そういうことを企んでいます。

篠原　小さなお金が回っていることは大切なことです。ADU（Accessory Dwelling Unit）の事例（100頁）では、大きな住宅に住む高齢者が部屋を貸し、家賃収入で介護の人を雇っています。1対1のやりとりではなく、サービスとお金が循環している。受け手にもなるし担い手にもなる。それで対等なコミュニケーションを生みます。

南後　ワンルームマンションでは、できるだけ周囲との関係を切断し、閉じた空間を手に入れようとしてきた

篠原聡子
（しのはら・さとこ）

のに対して、シェアハウスでは、つながりたいときだけ入居者同士でつながり、ひとりになりたいときは個室にこもるというスイッチングができる「閉じつつ開かれた住まい」です。

　但し、一歩引いて見ると、シェアハウスは、趣味・嗜好やライフスタイルを共有した人たちが住んでいるという点で、同質性が高いともいえます。同質性が高まると、その集団は閉鎖的で排他的になりがちです。なので、シェアハウスが、どう異質性や外部性を取り込んでいくかが重要になってきます。その点、この本に掲載された事例や「食堂付き」は、住人以外の人が敷地内に入ってくるなど、異質性や外部性を取り込む余白をもっているように思いました。

シェアハウスがもたらす開放型社会

仲　シェアハウスは何を残せるのかということに興味があります。つまりモラトリアムだったデザイナーズマンションの現代版で終わるのか、文化的な存在として位置づけられていくかということです。例えば、自律的な家族制度にあてはまらない多くの人たちが、シェアハウスならば住めるということになれば社会的な意味があります。それは、ともすればシェアハウスの閉鎖性を変えていくことになると思います。
南後　デザイナーズマンションは、経済資本が豊かな「強い個人」を対象としたものでしたが、シェアハウスは、強い個人だけではなく「弱い個人」を包摂しうるかどうかがポイントですね。シェアハウスの場合は、経済資本というよりは、社会関係資本の多寡が、「強い個人」の指標になるのかもしれません。
篠原　単身世帯が増加し、しかも高齢化が進む日本では、弱者をどこまで包摂できるのかということは、ひとつ重要なテーマだと思います。最終的にそこにコミットできるかどうかだと思います。
南後　本書では、建築家が住人コミュニティや地域に継続的にコミットする事例が多く見られますね。特に

地方だと、建築設計事務所は、設計業務に閉じられた仕事場としてではなく、地域のさまざまな活動に開かれた拠点として機能しうる。

建築が新たなプログラムをつくる

仲　建築の技術を投入する対象としてシェアハウスが残すものを考えたとき、「断面」が重要ではないかと「SHAREyaraicho」を見て思いました。シェアだからもちうる大きな気積があり、風が入ってきてアジアらしい快適な温熱環境が得られていました。また土間は、外でもなく完全な内部でもない不思議な光に満たされた空間です。ファサードは人影を映す行灯のようで、周囲に対して穏やかで、インターフェイスのあり方をデザインし、まさに断面と空間が開発されていました。そして、音と視線の制御を断面の操作で行うことで、異質なものが混在しながら住むこと、さらに外を意識して住むことをオーバーラップさせていて、そういうことが住まいの文化をつくっていくと思いました。
篠原　異質な人たちがともに住む空間はどうあるべきかと考えました。家族ではない個人同士がある距離を保ちながら住むためには、おっしゃるように気積が必要だろうと。もうひとつは、私の実家は農家で大きな土間があるのですが、そこは入った瞬間にいろんな用途が混在していることが一望できて、包容力がある空間なんです。そういう空間のように「誰が来てもいいよ」という雰囲気になるといいなと思いつくりました。仲さんがおっしゃるように、境界のデザインだったと思います。
仲　境界のデザインから発展して、今は「多様であることは善である」という思考を建築のかたちにしたいと思い、その方法を探っているところです。小さな経済という視点で働く場所を住宅の中に取り込むことは継続しています。
篠原　「SHARE 3」（122頁）を現在計画中ですが、そこでは外から中のいろいろな動きが見える立体長屋のようなものを考えています。都市景観としての立体ヴィレッ

南後由和
(なんご・よしかず)

1979年大阪府生まれ。2008年東京大学大学院学際情報学府博士課程単位取得退学。東京大学大学院情報学環助教、特任講師を経て、2012年明治大学情報コミュニケーション学部専任講師。2017年より同大学准教授。

仲 俊治
(なか・としはる)

1976年京都府生まれ。1999年東京大学工学部建築学科卒業。2001年東京大学大学院工学系研究科建築学専攻修了。2001〜08年山本理顕設計工場。2009年建築設計モノブモン設立。2012年仲建築設計スタジオに改組。

ジです。1室が7〜30㎡くらいまで大きさもいろいろあり、単身だけではなく、2人くらいまでなら一緒に住めるようなタイプを考えています。外部からよく見えるところなので、集まって住むことを景色にできるとよいと思っています。
　ホステル機能を組み合わせることも考えたのですが、異種用途にすると入り口や階段を別に設けなければならないなど法規が厳しくなり、断念しました。

南後 プログラムの開発には、制度的な壁がまだまだ多いということですね。

仲 ひとつの建物はひとつの用途であることが大前提で制度がつくられているので、どんなに小さくても用途を混在させるためにショッピングセンターなみの防火性能が求められる。生活自体が多様化しているので、それはやりすぎで、そこを緩めないと、次の動きが生まれにくい。既存不適格で容認されていて、それがうまくいっている事例を、きちんと宣言することも重要だと思います。生活の柔軟性に対して法制度がアップデートしていかないとなりません。

住まいの文化が進化する

仲 単身者としてシェアハウスを体験した人たちが、将来家庭をもつようになるとどういうところに住むのかに興味をもっています。「食堂付き」の居住者には、シェアハウスから移ってきた方が多いんです。シェアハウスで培った生活の仕方が、次のジェネレーションにどんな影響を与えるのかというのは非常に興味がありますね。

南後 シェアハウスでの生活を経験した人たちが介護をする、あるいはされるようになったとき、老人ホームのような施設型とは異なる、集まって住むかたちが出てくるかもしれません。シェアハウスが無形の文化として何を残していくかは興味深いテーマですね。

仲 本書では子育て世帯のシェアハウス「スタイリオウィズ代官山」(77頁)が収録されていますが、まださほど多くはないプログラムです。今、子育てに特化した集合住宅を設計していますが、家賃とのバランスを考慮して 大きさは40㎡台とし、未就学児までの子育て世帯を対象に考えています。寝室は大きめのものをひとつにするとか、水回りを広くするといった調整はありますが、それ以上に、「食堂付き」で実践した空間構成がこの場合でも有効であるように感じています。居住者像を明確にすると、スケールやプランニングを調整できると思っています。

南後 ライフステージとプログラムの関係を細かく詰めていけば、多様なプランニングが生まれてくる予感がしますね。しかも、シェアの場合は、住宅の内側にとどまらない「マルチスケール」という特徴をもっています。例えば、建物の共用スペースなどのミクロ・スケールから、近隣や地域社会圏のようなメゾ・スケール、地球のエネルギーの循環などのマクロ・スケールに至るまで、シェアは、モノ、建築、地域、都市、国、地球レベルと、マルチスケールで生じるものです。さらには同時代の他者に限らず、先行世代や後続世代とのシェアという次元もある。シェアは、空間的かつ時間的スケールを横断するテーマです。

篠原 この本はたんに、「シェア」というだけでなく、「住む」ということにこだわってきたんですが、そのなかで案外大きな役割を占めているのが、オーナーだと思いました。いろいろな場面で、その建築やそれが建つ場所に愛着をもっているオーナーに出会いました。しかし、京町家がそうであったように、建築の用途はしばしば陳腐化してしまう。でも、「シェア」というコンセプトを受け入れたとたん、結構それが無理なくできる。その意味では、「シェア」という最近のムーブメントは、「住む」という行為を通して建築を文化的なストックにできる可能性も示しているように思います。

あとがき

　日本女子大学の篠原研究室では、長年住まいの、とくに集合住宅の調査をしてきた。建築家が関わった小規模な、所謂デザイナーズマンションと呼ばれるようなものから、民間ディベロッパーによる大規模なマンション、また近年は、ソウルやバンコクといった東アジア、東南アジアのハウジングの調査まで行っている。テーマは毎年、大学院や学部の学生が自らの論文のために選択するので、私の個人的な興味も反映されつつも、時に応じて調査対象が変化してきたのは、彼女らの興味が移っていく、あるいは広がっていく過程でもあったと思う。もちろん、多岐にわたる対象の中で、今回の『シェアハウス図鑑』にもつながる連続的なものとしては、単身者居住と共用空間という2つの大きなテーマがあげられる。

　大都市では単身者世帯が過半になった現在、誰のために、どんな住まいをつくるのかが建築家という仕事をしていても、大きな課題となってきた。本書でも取り上げた2012年に竣工した「SHAREyaraicho」を設計し、それまで学生と調査した単身者居住、共用空間というテーマがひとつの形になった気がしたが、一方でその運営に関わりながら、シェアハウスという住まいの様々な困難や思わぬ可能性にも気付かされた。それらは、小規模で自主運営だからこそのものであった。ということで、その後は、学生たちと国内外を問わず、シェアハウス探訪の旅が始まった。

　そんなとき、編集者の有岡三恵さんから、本書の企画が持ち込まれた。今思えば、その企画の最初から「シェアハウス図鑑」という名前であったように思う。私たちの調査の基本は、住まいという空間と人の生活の双方向の関係への関心であるから、図鑑という絵や写真を主体とした表現が最も適しているように思い、本当に今回の企画をありがたく思っている。また、たびたび取材に同行していただき、本書のために写真を撮影してくださった畑拓さんとは、『変わる家族と変わる住まい』『住まいの境界を読む』(彰国社)に続き、またご一緒できたことを心から幸せに思う。

　最後に、本書が刊行を迎えることができたのは、彰国社の神中智子さんの尽力の賜物である。企画、取材、編集の作業を通して、神中さんが、次第にシェアハウスの暮らしに興味津々になっていく様子をみるにつけ、私たちの取り組みへの自信も湧いてきた。本当にありがとうございました。

2017年11月　篠原聡子

編著者略歴

篠原聡子（しのはら・さとこ）
1958年千葉県生まれ。日本女子大学大学大学院修了後、香山アトリエを経て、空間研究所主宰。1997年より日本女子大学で教鞭を執り、現在、日本女子大学家政学部住居学科教授。主な作品＝SHAREyaraicho（2012年、日本建築学会賞〈作品〉）、竹内医院（2010年、千葉県建築文化賞）、大阪府営泉大津なぎさ住宅（1999年）ほか。主な著書＝『多縁社会』（共著、東洋経済新報社、2015年）、『おひとりハウス』（平凡社、2011年）、『住まいの境界を読む──新版 人・場・建築のフィールドノート』（彰国社、2008年）、『変わる家族と変わる住まい──自在家族のための住まい論』（共著、彰国社、2002年）ほか。

宮原真美子（みやはら・まみこ）
1981年愛知県生まれ、仙台育ち。2005年日本女子大学家政学部住居学科卒業。2008年東京大学大学院建築学専攻修士課程修了後、設計事務所勤務。2013年東京大学大学院博士課程修了。博士（工学）。日本女子大学家政学部住居学科助教を経て、現在、佐賀大学理工学部都市工学科准教授。主な受賞＝日本建築学会優秀修士論文賞（2008年）、ISAIA2016 ACADEMIC SESSION AWARD（共著、2016年）、伊予西条糸プロジェクト住宅設計コンペティション当選（共同設計、2017年）

日本女子大学篠原聡子研究室
本研究室では、主に集合住宅を中心に建築デザインの設計活動や、実際の計画にフィードバックするためのフィールドワークを行っている。
高藤万葉・高橋祐季・武田基杏・松本香澄・阿部祥子・髙橋和佳子・福岡彩乃・目羅千紘（本書担当）

写真クレジット

PHTAA	P.108
mnm	P.21下、P.26上左・下左
有岡三恵	P.22下2点
石田敏明	P.40左、P.41上
大庭早子	P.99
尾形 魁	P.107上右2点・左中
オチコチ	P.26上右・下右
Nobutaka OMOTE｜SANDWICH	P.83、P.84上
會澤佐恵子	P.112
空間研究所	P.13上左・下、P.14上、P.16下2点、P.96下右
隈 太一	P.17上右
近藤ヒデノリ	P.84中、P.85左下
篠原拓実	P.64中・下右
シマワキュウ	P.56下
彰国社写真部	P.8、P.28、P.29、P.30上・下左、P.31〜38、P.39上・下右、P.40右、P.41下右、P.44〜47、P.48下3点、P.60〜63、P.64上・下左、P.65、P.68〜76、P.96左下2点・上右
彰国社編集部	P.113、P.124、P.125
田中央工作群	P.106右、P.107上左、左下2点
田野耕平	P.39下左、P.41下左
東急電鉄	P.78、P.79
仲建築設計スタジオ	P.120
西川公朗	P.10
畑 裕子	P.110、P.111
花田佳明	P.30下右
ひつじ不動産	P.80右中・右下
平野太呂	P.12、P.14上2点・左下、P.15、P.16上、P.17上左・下、P.96上左
堀田貞雄	P.20、P.21上、P.24下左、P.25左上・下2点
サラ・ヒューメル	P.103
増田拓史	P.52〜55、P.56上・中、P.57
松本路子	P.9
宮原真美子	P.22上、P.48上、P.82下、P.84下、P.85上・中・下右、P.100、P.101、P.106左
森中康彰	P.23、P.24上・下右、P.25右上
Kaoru Yamada	P.13上右

執筆分担

篠原聡子	P.6〜10、P.97、P.126
宮原真美子	P.86〜96、P.100、P.101
篠原聡子・宮原真美子	P.11〜85
有岡三恵	P.113〜125
高原真央	P.4〜5
大庭早子	P.99
尾形 魁	P.106
會澤佐恵子	P.112
隈 太一	P.17上、P.102
シマワキュウ	P.56〜57下
篠原拓実	P.64〜65下
ダーンサグン・スィリポーン	P.108、P.109
須賀佳那子・辻村夏菜	P.104、P.105
畑 裕子	P.110
サラ・ヒューメル	P.103

イラスト

宮原真美子	P.18、P.34、P.58、P.66、P.88〜95
高原真央	P.19、P.81、P.87
高橋祐季	P.11
高藤万葉	P.27、P.43、P.49
松本香澄	P.11、P.51、P.59、P.67
武田基杏	P.35、P.73、P.77

＊特記のないものはすべて、日本女子大学篠原聡子研究室

企画・編集
Studio SETO

シェアハウス図鑑
2017年12月10日　第1版　発　行
2019年10月10日　第1版　第2刷

著作権者との協定により検印省略	編著者	篠原聡子＋日本女子大学 篠原聡子研究室
	発行者	下　出　雅　徳
	発行所	株式会社　彰　国　社

自然科学書協会会員
工学書協会会員

Printed in Japan
Ⓒ篠原聡子（代表）　2017年
ISBN 978-4-395-32098-1　C3052

162-0067 東京都新宿区富久町8-21
電話　03-3359-3231（大代表）
振替口座　00160-2-173401

印刷：壮光舎印刷　製本：ブロケード
http://www.shokokusha.co.jp

本書の内容の一部あるいは全部を、無断で複写（コピー）、複製、および磁気または光記録媒体等への入力を禁止します。許諾については小社あてにご照会ください。